SERIE: **PNL Aplicada, Influencia, Persuasión, Sugestión e Hipnosis** - Volumen **2** de **3**

CURSO DE HIPNOSIS PRÁCTICA
Como HIPNOTIZAR, a Cualquier Persona, en Cualquier Momento y en Cualquier Lugar

Extraordinario **CURSO PRÁCTICO** *sobre* **HIPNOSIS MODERNA, Trance** *y* **Fenómenos Hipnóticos, Sugestiones e Inducciones de Alto Nivel, Pruebas de Sugestionabilidad, Pruebas Encubiertas, Convencedores** *y* **Profundizadores de Estados Hipnóticos,** *que te permitirán dominar este maravilloso arte magistral de la HIPNOSIS en un fantástico viaje de* **formación y aprendizaje práctico,** *que junto a las metodologías modernas más avanzadas, las técnicas y estrategias más eficaces* **te permitirán finalmente llevar esta habilidad al siguiente nivel.**

En este **Curso de Hipnosis Práctica** en su **EDICIÓN ESPECIAL** aprenderás a:

- **BioReprogramar** tú **mente consciente** y **subconsciente** a través de las **Metodologías Modernas** y las **Técnicas más Efectivas** de la HIPNOSIS MODERNA.
- Dominar las **inducciones sugestivas,** así como las **sugestiones** más eficaces que te permitan **consolidar tú capacidad para generar trances y fenómenos hipnóticos de alto nivel, en tus sesiones de coaching, sesiones de hipnosis clínica, hipnoterapia, show de hipnosis callejera e hipnosis de espectáculo.**
- Conocer los procesos mentales y psicológicos entre **la mente (Neuro), el lenguaje (Lingüística), y la interacción entre ambas (Programación),** que te permita el correcto uso de la **HIPNOSIS** y la **PERSUASIÓN** junto a las herramientas de la **PNL Aplicada** y la **Reingeniería Mental** para reforzar tu aprendizaje y formación.
- Contar con un **Plan de Acción** claro y bien definido paso a paso, que te permita desarrollar las **HABILIDADES HIPNÓTICAS** y **PERSUASIVAS** necesarias para alcanzar nuevos **estados de trance hipnótico** "{(**mentales, emocionales y psicológicos**)}".
- Aumentar tú **CÍRCULO DE POTENCIA** y tú **Nivel de Fuerza** o **Nivel de Autoridad** a un **NIVEL SUPERIOR (FP)** que te permitan desarrollar tus **habilidades hipnóticas** y crear **órdenes, inducciones** y **sugestiones** de manera más efectiva.

3ª Edición Especial, *Revisada, Actualizada y Extendida (Incluye Ejercicios y Plan de Acción)*
Este Libro es una Adaptación de la Transcripción del **Curso Online,** *Original en* **Audio y Vídeo**

Coach Transformacional
Ylich Tarazona
Escritor y Conferenciante Internacional

Sí se puede aprender a **HIPNOTIZAR,** *a cualquier persona, en cualquier momento y en cualquier lugar. El asunto no es, si entrara en* **HIPNOSIS,** *la cuestión es, cuando entrara. Ya que toda persona es* **HIPNOTIZABLE** *si se sabe el "**COMO**" y al "**QUE**" responde.*

3ª Edición Especial *Revisada y Actualizada por:* **Ylich Tarazona** *octubre 2017.*
Diseño y Elaboración de Portada por: **Ylich Tarazona**
SELLO*: Independently Published* ©

ISBN-10: **1978280408**.

ISBN-13: 978-1978280403

eBook Kindle ASIN: B076G97F14

BISAC: *Hipnosis / Hipnotismo / AutoHipnosis… Publication Date:* *Octubre 13, 2017.*
El derecho de **YLICH TARAZONA** a ser identificado como el **AUTOR** de este trabajo ha sido
afirmado por *SafeCreative.org, Código de Registro:* **1710184602974**, de conformidad
con los <u>**Derechos De Autor En Todo El Mundo**</u>. *Fecha: 18 de Octubre de 2017.*

DERECHO DE AUTOR y COPYRIGHT

Este compendio denominado *"CURSO DE HIPNOSIS PRÁCTICA - Como HIPNOTIZAR, a Cualquier Persona, en Cualquier Momento y en Cualquier Lugar ©-®".* Adaptado al aprendizaje de la *HIPNOSIS MODERNA, Trance y Fenómenos Hipnóticos, Sugestiones e Inducciones de Alto Nivel, Pruebas Encubiertas, Pruebas de Sugestionabilidad, Convencedores y Profundizadores de Estados Hipnóticos.* Es propiedad intelectual de **YLICH TARAZONA © & REINGENIERÍA MENTAL CON PNL ®.**

REINGENIERÍA MENTAL CON PNL es una **Comunidad Virtual para Emprendedores.** Uno de los **Website de Internet** dedicado a brindar **COACHING** en la **CONSOLIDACIÓN de Competencias** y el **Desarrollo del Máximo Potencial Humano.** *Especialistas en el Entrenamiento, Formación y Adiestramiento de alto nivel a través de la **PNL** o **Programación Neurolingüística**,* especializados en el suministro de productos de formación y cursos para *Alcanzar Metas, Concretar Objetivos* y *Consolidar Resultados Eficaces de Óptimo Desempeño*; a través de una serie de **Libros, EBook's, Audios, Podcasters, Tele-Seminarios Online, Talleres Audio-Visuales, Webminars** y **Conferencias Magistrales de Carácter Presencial.**

No se puede pretender estar asociado con **YLICH TARAZONA** & **REINGENIERÍA MENTAL CON PNL** en cualquier forma o utilizar nuestro nombre en conexión con su propia práctica personal o profesional, a menos que esté debidamente capacitado, y con certificación valida que avale que formalmente se ha capacitado, formado o adiestrado apropiadamente con nosotros.

*3ª Edición Especial Revisada y Actualizada por: **Ylich Tarazona** octubre 2017.*
*Diseño y Elaboración de Portada por: **Ylich Tarazona***
***SELLO**: Independently Published ©*

ISBN-10: 1978280408.
ISBN-13: 978-1978280403

eBook Kindle ASIN: B076G97F14

BISAC: *Hipnosis / Hipnotismo / AutoHipnosis...* **Publication Date:** *Octubre 13, 2017.*
Código de Registro: *1710184602974 /* **LICENCIA:** *Todos los Derechos Reservados ©*
*por **SafeCreative.org** /* **Fecha Registro de Propiedad Intelectual:** *18-Octubre-2017.*

<u>COLABORADORES</u>:
Mariam Charytin Murillo Velazco
Ylich Leavitt Gabriel Smith Tarazona Peña
Jeffry Samuel Tarazona Peña
Génesis Zarahemla Odaylich Tarazona Maldonado

También puede contactarse directamente con el **AUTOR** vía e-mail por:
<u>MásterCoach.YlichTarazona@gmail.com</u>

DEDICATORIA

- 5 -

Dedicado especialmente para **TI** "**APRENDIZ**"

Que el contenido de este presente libro "CURSO DE HIPNOSIS PRÁCTICA - *Como HIPNOTIZAR, a Cualquier Persona, en Cualquier Momento y en Cualquier Lugar ©-®*". Te aporten las herramientas que requieres para *comenzar a desarrollar estas* **habilidades hipnóticas**, *en el* **proceso de crear, labrar y CONSTRUIR TÚ PROPIO SISTEMA DE INDUCCIÓN HIPNÓTICA PERSUASIVA**.

Y esta es mi intención para ti...

Tu Amigo el **Coach Ylich Tarazona**

INTRODUCCIÓN
Información Relevante de la Presente Edición.

Hola que tal, mis apreciados lectores y aprendices. *Antes que todo, gracias por adquirir éste extraordinario **curso de hipnosis práctica**, que escribí pensando en ti.*

Antes de comenzar, quiero comunicarte de algunos cambios esenciales que he realizado en ésta **3ª Edición Especial**. Si posees algunas de mis versiones anteriores; comprobaras que he llevado a cabo algunas revisiones y actualizaciones importantes en las últimas ediciones, ya que me parecieron necesarias para lograr cumplir el propósito por el cual escribí este **CURSO** para ti. *Entre los cambios que he realizado, he incorporado una serie de ejemplos y ejercicios prácticos relacionados con la lección de algunos de los capítulos más relevantes. **En los pocos casos en los que edite el texto o cambie parte del contenido, han sido para adaptarlas mejor a los ejemplos y ejercicios incorporados recientemente en la presente obra**.*

Estas modificaciones son casi imperceptibles en la mayoría de los casos, ya que ante todo he querido respetar el manuscrito original y la idea principal del presente **CURSO** con sus defectos y virtudes. *Por lo que en las pocas ocasiones en las que he incorporado ciertas ideas, he agregado algún punto adicional o he añadido algunos elementos de interés para mis lectores y aprendices, es porque me ha parecido conveniente o necesario, y de vital importancia para la **correcta aplicación de los principios de la** "HIPNOSIS MODERNA, Trance y Fenómenos Hipnóticos, Sugestiones e Inducciones de Alto Nivel, Pruebas de Sugestionabilidad, Pruebas Encubiertas, Convencedores y Profundizadores de Estados Hipnóticos"* contenida en esta **Edición Especial**.

*Si has tenido la oportunidad de leer algunos de mis otros libros impresos o digitales, has podido apreciar que tanto el estilo literario de mis escritos; así como el estilo característico tipográfico que utilizo al momento de plasmar mis ideas, pretenden un único propósito. **Ayudarte a desarrollar el máximo de tu potencial humano al siguiente nivel, y permitirte comprender mejor los conceptos, definiciones y plan de acción que comparto con todos ustedes, con el fin de ayudarlos a interiorizar estos principios vitales y esenciales a su propia vida**.*

Para lograr este objetivo; al final de algunos capítulos claves, comparto una gama de ejercicios que te permitan poner en práctica la esencia de lo que acabas de estudiar. *De igual manera, también les ofrezco una serie de recapitulaciones o principios básicos para reflexionar que te ayudarán a reforzar lo que has aprendido.*

De ésta manera, campeones y campeonas, al finalizar el libro ustedes podrán contar con estrategias reales, técnicas, herramientas y metodologías efectivas que han sido estudiadas y verificadas a través de los años por los más grandes expertos en la materia. *De igual forma, estos principios han sido puestos en práctica y puestos* *en acción una y otra vez por el mismo **AUTOR**, tanto a nivel personal, como en sus secciones, shows y conferencias magistrales tanto virtuales como presenciales, con miles de personas que han aplicado dichos principios eficazmente a su propia vida.*

Dichos procedimientos han sido incorporados sistemáticamente en éste **CURSO** a fin de garantizarte resultados óptimos por medio de **MODELOS efectivos de la PNL** o **PROGRAMACIÓN NEUROLINGÜÍSTICA APLICADA** a la **HIPNOSIS** y a la **PERSUASIÓN** que han sido comprobadas a través de los años por los expertos más reconocidos. *Evitando así, la utilización de conjeturas o simples teorías.*

---

*Por tal razón, APRENDIZ y mis apreciados lectores, voy a darte algunos consejos: Conéctate con la esencia de éste libro, **LEE ACTIVAMENTE, cada palabra, cada línea, cada párrafo, cada página, cada capítulo, cada idea, cada enseñanza, cada ejemplo, cada historia, cada ejercicio, que con amor comparto con todos ustedes**, y verán cómo; poco a poco, paso a paso, línea a línea y precepto tras preceptos comenzarán a tener los excelentes resultados que requieren en todos y cada uno de los aspectos más importantes y esenciales de su vida.*

Este **CURSOS** mis apreciados lectores es una poderosa herramienta teórica-práctica para todos aquellos que desean aprender a **desarrollar cualidades hipnóticas efectivas**. Claro está, éste libro no es el único medio para aprender **HIPNOSIS**. *Sin embargo si sigues las direcciones paso a paso que doy en este libro, y tienes la adecuada actitud, así como la suficiente confianza, determinación y compromiso te aseguro podrás aplicar estos principios en cualquier persona.*

Es importante aclarar en este punto, que las **habilidades hipnóticas** que aprenderás en este **CURSO** conllevan mucha responsabilidad y ética profesional. ***Ten siempre presente que la correcta aplicación de la HIPNOSIS puede ser debidamente utilizada, bien sea para divertirnos sanamente y producir algunas risas en nuestro entorno en algún <u>Show Hipnótico de Espectáculo</u> "o" también la podemos utilizar la hipnosis apropiadamente en los <u>CAMPOS TERAPÉUTICOS</u> para generar grandes y extraordinarios cambios psicológicos mentales y emocionales en las personas en nuestras SESIONES DE COACHING o HIPNOTERAPIA.*** Con esta idea en mente, deseo que entiendas que este libro te proporciona la información y los recursos necesarios en ambos casos para **Utilizar La Hipnosis Profesionalmente** y sobretodo éticamente de tal manera que garantice el bienestar de todos los que participan en él. *El uso que le des, dependerá de tu elección, pero recuerda sea cual sea el propósito que deseas conseguir, siempre debe estar basado en las normas más elevadas de la ética profesional y las buenas costumbres, edificada en los principios y los valores morales más altos.*

TE IMAGINAS *todo lo que puedes lograr conseguir al aprender a dominar estas técnicas de **HIPNOSIS** correctamente. **TE PUEDES IMAGINAR** cómo cambiaría tu vida extraordinariamente para bien, al poder conquistar todos tus sueños, metas y objetivos que te propongas alcanzar, gracias a estos principios. ¡**AHORA ES POSIBLE**!*

ESTILO LITERARIO Y TIPOGRÁFICO DE MIS OBRAS

Las enseñanzas que contienen mis **LIBROS** en su gran mayoría, son una mezcla combinada estratégicamente con poderosos **METÁFORAS, PARÁBOLAS, ALEGORÍAS, EJEMPLOS, HISTORIAS, CITAS** y **FRASES CÉLEBRES** que he venido recopilando y compendiando en el transcurso de los años de diferentes fuentes; tales como, Libros y Obras de Diversos Autores *(a los cuales, les otorgó TODO el mérito y el reconocimiento que ellos merecen por sus valiosas aportaciones).*

*El objetivo de extraer tan **extraordinaria colección** de estos **grandes** y **RECONOCIDOS ESCRITORES** y **plasmarlas en mis obras** es; ayudarles a comprender mejor a mis lectores, la información que quiero transmitirles de manera subjetiva.* De ésta manera; a través del aprendizaje de representaciones simbólicas y figuradas, ustedes mis amigos y amigas puedan adquirir las ideas principales.

*Así; mis libros, por medio de sus **citas, frases célebres, pensamientos, reflexiones relatos y narraciones ilustrativas** pueda llegar a ser una fuente de inspiración para ayudar a todos aquellos individuos que con integro propósito de corazón quieran cambiar y transformar sus vidas de manera continua y permanente.*

Otras de las **METODOLOGÍAS** tipográficas que empleo al redactar mis trabajos; es que utilizo diferentes estilos literarios, introduciendo una variedad de *signos de puntuación,* **negritas,** *cursivas,* <u>*subrayados,*</u> *combinaciones de minúsculas y MAYÚSCULAS, entre otras repeticiones consientes de ideas y enseñanzas transmitidas varias veces; pero en distintos contextos y situaciones, para grabarlas en su mente consciente y subconsciente.* Así como también en ocasiones *"**cambio estratégicamente la forma de escribir y expresar mis ideas intencionalmente en primera, segunda y tercera persona**"* mientas transmito la información, con el fin de hacer la lectura más didáctica, versátil y placentera para mis lectores.

*Si esto llegase a parecer inadecuado o incorrecto en cierto momento para algunos de mis lectores, quiero anticiparles de antemano que no se trata en modo alguno de un descuido por mi parte, o desconocimiento de edición y transcripción de la obra. Al contrario, **TIENE UN CLARO OBJETIVO** y persigue un fin concreto. **CONFÍA EN MÍ. TIENE UN PROPÓSITO PARA TI**, sigue leyendo y comprenderás a lo que me refiero.*

En otro orden de idea; es importante destacar que también incorpore en el transcurso del libro una gran variedad de *frases célebres, citas inspiradas de las escrituras, versículos bíblicos, conceptos filosóficos, ejemplos, símiles, exposiciones, descripciones y lenguaje figurado* en el transcurso de toda la obra. *Ya que éste tipo de expresiones, conceptos e ideas son capaces de estimular subjetivamente una gran variedad de **SENSACIONES MULTI-SENSORIALES** tanto a nivel **(Visual, Auditiva y Kinestésica)** que permiten evocar imágenes, sonidos, sensaciones y emociones, en la mente del lector.*

Siguiendo ese mismo orden de idea; también incluyo, en todos mis trabajos una serie de **Declaraciones Positivas, Autoafirmaciones Empoderadoras**, basadas en el **META-MODELOS estratégicos de la PNL** a través de una serie de **COMANDOS HIPNÓTICOS** y **PATRONES PERSUASIVOS** que permitan al lector incorporar dichas **SUGESTIONES** e **INDUCCIONES SUBLIMINALES** en su mente consiente y subconsciente, produciéndoles así cambios radicalmente positivos en su estructura mental y psicológica, **CREÁNDOLES nuevas conexiones neuronales más empoderadoras.**

Y finalmente **APRENDIZ**, entre otro de los recursos que utilizo son las expresiones personales como **TÚ** y **TI**, para referirme directamente a mis lectores, *con la única intención de que puedan sentirse identificados con mis palabras, y tengan la plena certeza y convicción de que todos mis libros lo escribo pensando en ellos.*

*En las **Versiones Audibles**, como son en los casos de los **Audio-Libros**, los **Podcasters**, los **Webminars**, los **Tele-Seminarios** y las **Conferencias Online** utilizo fondo musical instrumental junto a sonidos de la naturaleza, y en ciertas ocasiones ondas biaurales en diferentes frecuencias.* A fin de **inducir ciertos estados positivos en el cerebro.** Entre los muchos beneficios que ofrecen estas poderosas herramientas, es que propician **el aprendizaje acelerado, la concentración, la adecuada asimilación de las ideas, la relajación, la agilidad mental**, la **estimulación de la creatividad** entre otras muchas ventajas. *Como se han demostrado en los numerosos estudios realizados sobre el tema. Entre ellos la tesis doctoral de <u>Pedro Miguel González Velasco Doctor en Neurociencia de la UNIVERSIDAD COMPLUTENSE DE MADRID FACULTAD DE PSICOLOGÍA</u>, las cuales nos reportan los excelentes y maravillosos efectos positivos de estos sonidos, tanto a nivel psicológico como fisiológicos.*

El **PROPÓSITO** de introducir ésta **GAMA DE ESTILOS LITERARIOS, TIPOGRÁFICOS; METAFÓRICOS** y **BIAURALES** *(Este último, solo en los casos Audible)*, fusionado con un variado conjunto de **Técnicas de la PNL o PROGRAMACIÓN NEUROLINGÜÍSTICA APLICADA** y principios de **NEURO-COACHING** entre otras herramientas. *Es para permitirles a mis lectores recibir una Enseñanza Transformacional más útil, holística e integral, que les permita **ADOPTAR NUEVAS IDEAS**, evitando así, la menor resistencia al cambio, y **CREANDO un mayor impacto psíquico - emocional** en el proceso de **retención - aprendizaje.***

<u>******IMPORTANTE******</u>

Éste **LIBRO** en **EDICIÓN ESPECIAL** es una transcripción adaptada del **Podcasters, Webminars, Tele-Seminario, CURSO ONLINE** y **Conferencia Presencial** del **Coach Ylich Tarazona** titulada "CURSO DE HIPNOSIS PRÁCTICA - *Como HIPNOTIZAR, a Cualquier Persona, en Cualquier Momento y en Cualquier Lugar* ©-®". *Por tal razón; este libro, refleja un estilo único y original de transcripción. Ya que es una adaptación de un **Audio Curso** y **Video Conferencia**; más que de una obra literaria, escrita como tal.*

TABLA DE CONTENIDO

PRIMER CAPÍTULO: PRESENTACIÓN E INFORMACIÓN GENERAL ACERCA DE LA HIPNOSIS

Hola que tal **APRENDIZ**, Yo Soy El Coach Transformacional YLICH TARAZONA, Máster en PNL, Especialista en BioProgramación Mental, Reingeniería Cerebral y Neuro Coaching. *Practicante de **Hipnosis Ericksoniana**, **Hipnosis Terapéutica**, **Hipnosis Conversacional** e **Hipnotista en Show de Espectáculo**. Espero que te guste este curso práctico que he preparado, diseñado y creado especialmente para ti.*

Introducción:

Debido a la escasa información realmente práctica, de interés y eficacia real sobre la **HIPNOSIS** que se puede encontrar en Internet, he decidido crear por tanto, este *Curso de Hipnosis Práctica* para ustedes mis apreciados **aprendices**. *Mi objetivo es mostrarte y enseñarte los aspectos más vitales y esenciales de la hipnosis, e incluso permitirte, si quieres llegar más lejos, poder aprender a hipnotizar y aplicar la hipnosis en diferentes contextos, situaciones y circunstancias muy variadas en tu vida cotidiana, juntos a tus amigos, familiares, conocido, clientes o coachee.* Y hasta ponerla a prueba incluso en una **sesión de hipnosis terapéutica** o en un **show de hipnosis de espectáculo**. Así que sin más preámbulos, comencemos.

Preguntas más frecuentes a cerca de la Hipnosis:

Ahora te preguntarás: *¿**De verdad se puede aprender a hipnotizar a través de un curso online, o a través de la lectura de un libro**?* **SI**; Cualquiera aprendiz puede llegar a **SER** y **convertirse** en un **excelente HIPNOTIZADOR**, no hace falta tener poderes especiales o dones mágicos y talentos sobrenaturales. Solo hay que estudiarlo con mucha atención, practicarlo con mucha disciplina y constancia. Y sobre todo conocer las distintas y variadas *"Técnicas y Metodologías"* que tiene que saber dominar todo buen **HIPNOTISTA**, **HIPNÓLOGO** o **HIPNOTERAPEUTA**.

MITOS Acerca y Alrededor de la Hipnosis:

¿Es cierto que algunas personas son hipnotizables y otras no? Todo ser humano es hipnotizable de alguna u otra manera, lo que sucede es que no todo el mundo reacciona o responde de la misma forma en los **procesos de inducción**; *y por supuesto, no todos reaccionan o responden ante las mismas técnicas de hipnosis.*

*En otras palabras; mi aprendiz, "**SI** se puede aprender a **HIPNOTIZAR**, a cualquier persona, en cualquier momento y en cualquier lugar. El asunto no es, si entrara en **HIPNOSIS**, la cuestión es, cuando entrara. Ya que toda persona es **HIPNOTIZABLE** si se sabe el "**COMO**" y al "**QUE**" responde...* **NOTA:** (Hay que aclarar; en este punto, que es el propio inconsciente del sujeto el que, decide aceptar o no, a las sugestiones del hipnotizador. Si el sujeto en un momento dado, no quiere ser hipnotizado, para esa persona entonces la hipnosis no resultará, puesto que es él mismo, quién tiene que acceder voluntariamente a las inducciones del hipnotista y desear hacer todo aquello que le van indicando, y realizar todo aquello que le sugiere el hipnotizador).

¿Es peligrosa la hipnosis? Aprendiz; el acto mismo de la hipnosis no es peligroso. Los estudios más recientes, así como las pruebas realizadas científicamente, junto a las experiencias de cientos y miles de especialistas *(Hipnotistas, Hipnotizadores, Hipnólogos e Hipnoterapeutas)* nos demuestra clara y contundentemente que no se puede hacer que un individuo bajo ninguna disciplina, bien sea **hipnosis clínica** o **hipnosis de espectáculo** adopte ningún comportamiento contrario a su moral, religión y buenas costumbres; o que haga o realice cualquier acto de riesgo que ponga su vida en peligro. Ya que todo *(Hipnotista, Hipnotizador, Hipnólogo e Hipnoterapeuta)* solo tiene el poder, que el inconsciente del sujeto mismo le entregue voluntariamente.

<u>TE PONDRÉ VARIOS EJEMPLOS</u>: *Si un especialista* **hipnotizador en un show de espectáculo** *consigue que un sujeto se comporte como un determinado animal, y adopte el comportamiento de un perro, un gato o una gallina, es porque el sujeto mismo sabe por intuición inconscientemente que se trata solo de un juego de roles (Hipnotista – Participante).* <u>*OTRO EJEMPLO*</u>: *Si en una* **sesión de hipnosis clínica el hipnoterapeuta** *le indica a su paciente, que trate de recordar una experiencia traumática del pasado; y revivirla, para poder cambiar los acontecimientos y lograr vencer aquello que le haya afectado; y la persona acepta, y accede a las instrucciones del especialista. Es porque él sabe y cree, que el terapeuta puede ayudarlo a superar esa situación.* Lo que hay que tener siempre en cuenta, es que ningún *(**Hipnotista callejero** o **Hipnotizador de show de espectáculos**, incluso **Hipnólogos Clínicos** o **Hipnoterapeutas**)* deben realizar tratamientos, o diagnosticar enfermedades sin tener los conocimiento previos necesarios de lo que hace, y sobre todo la titulación universitaria superior requerida para ejercer profesionalmente en esos casos.

<u>***POR EJEMPLO***</u>: *Mi aprendiz; si no eres psiquiatra, psicólogo o hipnoterapeuta titulado, colegiado y certificado, nunca debes realizar ningún tratamiento de hipnosis contra ninguna adicción, bien sea al tabaco, al alcohol, las drogas o cualquier otro desafío, si no está en tu área de competencia.* **(RECUERDA QUE: Todo este tratamiento debe ser realizado por personas expertas y especializadas en ese tema. Aunque tal vez pienses que no exista riesgo alguno, su práctica se desaconseja rotundamente, por principios éticos y profesionales)** Si al contrario eres un **experto** en **Hipnosis Callejera** o eres un **especialista Hipnotizador de show de espectáculos**, entonces debes mantener tus actuaciones al límite de lo que tu experiencia profesional y tus conocimientos artísticos te lo permitan, siempre y cuando nunca hagas o efectúes un evento que este fuera de tu área profesional de excelencia. *Es decir, jamás prescribir tratamientos, o diagnosticar enfermedades; ya que esa no es tu competencia, ni tu área profesional de trabajo.*

<u>***A MODO DE RECAPITULACIÓN***</u>: *Aprendiz; el estado hipnótico no entraña peligro alguno, puesto que la **HIPNOSIS** es un estado natural de todo ser humano. Si existiera alguna posibilidad de peligro en algún momento; esto sólo podría ser casado, sin querer, por medio de la práctica desautorizada, negligente e incompetente por parte de un* **Hipnotista, Hipnotizador, Hipnólogo** *e* **Hipnoterapeuta***; que ejerza la profesión sin los conocimientos previos necesarios de lo que hace, o sin la titulación universitaria superior requerida, si así fuera el caso.*

1. <u>**Riesgos Psicológicos**</u>: Aprendiz; si no eres *psiquiatra, psicólogo o hipnoterapeuta titulado, colegiado y certificado* y careces de información sobre el pasado de la persona *(puedes acentuar un desequilibrio, pero no provocarlo.) (También puedes proporcionarle un pretexto para que caiga en un desequilibrio latente).* Por este motivo, no es conveniente practicar la hipnosis clínica sin antes: *Haber mantenido una entrevista previa con el sujeto, haber realizado el informe médico, leer y rellenar el guion terapéutico con el paciente, llenar y revisar el contrato o acuerdo PostHipnótico para tener presente las metas que se quieren lograr con la sesión, profundizar el motivo de la consulta o sesión, hacer preguntas al sujeto para localizar posibles problemas psicológicos y fisiológicos si los hubiera, detectar miedos, traumas, fobias, expectativas, deseos e intereses, etc.* Sobre todo, asegúrate siempre de primero contar con los suficientes conocimientos previos necesarios y la titulación universitaria superior requerida para ejercer ética y profesionalmente.

En conclusión: Mi aprendiz, no existe peligro intrínseco en la práctica de la hipnosis, sino ligeros riesgos ligados a la incompetencia del hipnotizador. Todos estos riesgos pueden evitarse **INSISTO**, con simplemente: Hacer una entrevista previa, tener una charla pre-hipnótica con el o los participante, escribir el informe médico o leer y rellenar el guion terapéutico con el paciente, llenar y revisar el contrato o acuerdo PostHipnótico para tener presente las metas que se quieren lograr con la sesión, profundizar el motivo de la consulta o sesión, hacer preguntas al sujeto para localizar posibles problemas psicológicos y fisiológicos si los hubiera, detectar miedos, traumas, fobias, expectativas, deseos e intereses, etc.

*¿**Entiendes lo que te digo**? Al hacer todo esto mi aprendiz, no solo podrás prevenir con tiempo algún inconveniente, sino que sobre todo te podrás adelantarte y cubrir cualquier expectativa, posicionándote como un experto y especialista en la materia; consolidar tu* **IMAGEN** *como* **Hipnotista, Hipnotizador, Hipnólogo** *o* **Hipnoterapeuta.** Está claro, que al tener un perfil de la personal en cuestión con quien vas a trabajar, vas a tener más ventajas, que si no cumplieras con todos estos procedimientos iniciales **¿Me doy a entender**? *Estás de acuerdo aprendiz, que al tener mayor información, mayores probabilidades de éxitos tendrás en **realizar tus sesiones de hipnosis clínica terapéuticas** y más probabilidades de éxitos tendrás al **realizar tus show de hipnosis callejeras o de espectáculo**. ¿Estas claro en esto, verdad?* <u>**RECUERDA QUE**</u>: *Un buen profesional siempre trata de recoger la mayor cantidad de hechos, información o acontecimientos importantes en la vida de la persona en cuestión, y lo debe hacer, desde lo* **más general** *a lo* **más específico.**

Ahora **Mi Aprendiz**; me gustaría hacerte dos **(2) compromisos**: *(El seguir este* ***Curso de Hipnosis Práctica*** *y aplicar dichas* ***técnicas de hipnosis*** *en tus* ***sesiones clínicas terapéuticas*** *o* ***show de hipnosis callejera*** *o de* ***espectáculo****, implica que* **"ACEPTAS 100%"***cada una de estas dos* **(2) condiciones***.)*

COMPROMISOS y CONDICIONES

1º Te haces 100% responsable por el bienestar del hipnotizado, trabando siempre centrado en LOS PRINCIPIOS Y LOS VALORES MORALES, con los más ALTOS ESTÁNDARES DE LA ÉTICA y LA PROFESIONALIDAD. (Si sigues al pie de la letra todo este curso de hipnosis práctica, con todas las recomendaciones de lo que puedes hacer; y todo las recomendaciones de lo debes, y que tienes que evitar. *Te puedo asegurar aprendiz que en tu práctica real, nunca ocurrirá nada, que este fuera de tu alcance. Ya que al prestar debidamente la oportuna atención a mis recomendaciones, estarás más preparado y listo para evitar, prevenir o solventar cualquier imprevisto que se te pueda presentar)* **¿Estas de Acurdo?**

Nunca debes practicar ninguna de las técnicas expuestas en este curso de hipnosis práctica hasta que adquieras todos los conocimientos necesarios, domines las técnicas y las metodologías básicas recomendadas en la hipnosis, y sobre todo hayas llegado a la parte en la que puedas practicar la hipnosis efectivamente, y puedas realizar todos los procedimientos correctamente. *Esta es la parte más importante... "Mi aprendiz; antes de comenzar a hipnotizar, hay que conocer todos los pasos que se deben dar para que la hipnosis se realice correctamente". Para lograr ese objetivo, hay que estar preparados, listos y alerta para cualquier posible "peligro" "riesgo" o "eventualidad" que pudiera presentarse, y dominar perfectamente las técnicas de* **la sugestión** *y* **la fascinación**.

No basta; solo con proporcionar los textos de las técnicas de hipnosis, y leérselos al hipnotizado. *(Hay que saber utilizar adecuadamente el tono de nuestra voz, hay que saber que ritmo, compás y estilo hay que emplear en cada estado y niveles de la hipnosis, y reconocer la fase en la que nos encontramos. Hay que ir realizando* **pruebas de sugestionabilidad, pruebas encubiertas, inducciones, convencedores** *y* **profundizadores** *de estados hipnóticos. A fin de* **inducir, profundizar, crear fenómenos hipnóticos, realizar sugestión posthipnótica, y finalizar correctamente los procedimientos del despertar.**

También debes **aumentar tu CÍRCULO DE POTENCIA** *o* **Nivel de Fuerza** *de un* **(FP1, FP2 y FP3)** *a un* **Nivel de Autoridad Mayor** *o* **NIVEL SUPERIOR (FP4, FP5)** *y* **superiores***. De igual manera aprendiz; debes aprender a elegir los estado de trance hipnóticos que deseas alcanzar en función a los objetivos antes previstos, así como también dominar los (****ESTADO HIPNOIDAL*** *o* ***Encantamiento Z0*** *y* ***Z1, TRANCE HIPNÓTICO LEVE*** *o* ***Superficial Z1, TRANCE HIPNÓTICO MEDIO*** *o* ***Cataléptico Z1*** *y* ***Z2*** *o* ***TRANCE HIPNÓTICO UMBRAL SONAMBÚLICO Z2*** *según sea el caso, etc.).*

Aprendiz; sobre todo hay que aprender a ser pacientes, y hacer las cosas bien hechas. *(Es decir, hacer las cosas correctas, correctamente)* **POR EJEMPLO**, si tratas de hipnotizar a una persona, *(sin estar debidamente preparado y capacitado para tal fin)* leyéndole solo unas cuantas técnica de hipnosis a esa persona. Te puedo asegurar, que el porcentaje de fracaso rondará el **99, 99 %**. Trayendo como consecuencias desfavorables para ti, que el inconsciente del sujeto al que se había intentado hipnotizar asumirá que no sabes hipnotizar. O en los perores de los casos, y el que más nos afectaría más a todos los especialistas y profesionales de la **HIPNOSIS**, es hacer pensar a cualquier persona que la hipnosis no es real, haciendo más difícil una próxima *sesión de hipnosis clínica terapéutica a nivel profesional*, y cerrándolo a posibles *eventos de hipnosis callejera* o la oportunidad de participación de un buen *show de hipnosis de espectáculo*.

*Así que aun teniendo todas las mejores técnicas de hipnosis a mano, deberás primero guardarlas, hasta que llegue el momento oportuno de ponerlas a prueba. ¿**Entiendes lo que trato de decirte verdad**? Ya sabes aprendiz, que cada cosa tiene su tiempo, y cada acción tiene su momento. Te prometo que si le pones interés, y ejerces la disciplina necesaria una vez que puedas controlar "todo", obtendrás un **90% de probabilidades de éxito** al practicar la hipnosis y realizarla correctamente.*

APRENDIZ, he visto que este curso de hipnosis práctica se sigue desde todas las partes del mundo. *Por tal razón; es* <u>IMPORTANTE</u> *saber que en algunos países, la PRÁCTICA DE LA HIPNOSIS está prohibida y penalizada (prohibida o penada por la ley). Como por ejemplo, sucede en los casos de países tales como Inglaterra, entre otros.* Así que asegúrate de que en tu país la **PRÁCTICA DE LA HIPNOSIS** sea legal, y así tú puedas practicar la hipnosis.

<u>SÍNTESIS</u>:

<u>Hasta esta parte del curso, deberás haber aprendido que:</u>

✓ *Toda persona puede hipnotizar, al seguir este curso si se lo propone.*
✓ *Cualquier persona puede llegar a ser un buen hipnotizador profesional.*
✓ *Todo el mundo es, y puede ser hipnotizado; sabiendo el cómo, y al que responde en un momento o circunstancia determinada.*
✓ *La hipnosis es inofensiva por sí misma, y no entraña peligro alguno.*
✓ *Riesgos de la hipnosis, cuando se utiliza inapropiadamente.*
✓ *No se debe practicar las técnicas de hipnosis hasta que se indique.*
✓ *Aceptas cumplir y seguir fielmente los dos (2) compromisos y condiciones.*
✓ *Debes estar titulado, colegiado y con estudios superiores universitarios para poder ejercer profesionalmente como hipnotista clínico o hipnoterapeuta.*
✓ *Cuales son algunas recomendaciones a tomar en cuenta, antes, durante y después de practicar nuestra sesión de hipnosis.*
✓ *Puedes convertirte en el mejor hipnotista callejero o el mejor hipnotizador en show de espectáculo si te lo propones y adquieres con conocimientos previos.*

<u>EJERCICIOS:</u>

<u>Para ver que has entendido todo, aquí van una serie de ejercicios:</u>

¿Toda persona puede hipnotizar, al seguir este curso si se lo propone?
R) =

¿Cualquier persona puede llegar a ser un buen hipnotizador profesional?
R) =

¿Todo el mundo es, y puede ser hipnotizado? EXPLIQUE POR QUE
R) =

¿La hipnosis es inofensiva por sí misma, y no entraña peligro alguno?
EXPLIQUE POR QUE
R) =

¿Si existiera algún riesgo en la hipnosis cual sería la razón que la pudo haber provocado?
R) =

¿Cuáles son algunos riesgos de la hipnosis, cuando se utiliza inapropiadamente?
R) =

¿Cuáles son algunas recomendaciones a tomar en cuenta, antes, durante y después de practicar nuestra sesión de hipnosis?
R) =

¿Qué tienes que saber, conocer y dominar para ser un excelente hipnotizador y llevar tus prácticas y sesiones de hipnosis al siguiente nivel?
R) =

¿Según lo que hemos estudiado, cuales son los 4 tipos de títulos atribuidos a los diferentes especialistas y expertos en la práctica de la Hipnosis?
R) =

¿Aceptas 100% cumplir fielmente los dos (2) compromisos y Condiciones para seguir avanzando el curso online?
R) =

¿Debes estar titulado, colegiado y con estudios superiores universitarios para poder ejercer profesionalmente como hipnotista clínico o hipnoterapeuta?
R) =

¿Puedes convertirte en el mejor hipnotista callejero o el mejor hipnotizador en show de espectáculo si te lo propones y adquieres con conocimientos previos?
R) =

¿Qué ES LO MÁS IMPORTANTE QUE HAS APRENDIDO EN ESTA LECCIÓN?
R) =

Bueno APRENDICES, ¡Esto **ha sido todo por ahora**! **ESPERO QUE TE HAYA GUSTADO ÉSTE PRIMER CAPITULO INTRODUCTORIO**... Mucha suerte con los ejercicios. Si tienes alguna duda para responder el cuestionario *(Las respuestas a estas preguntas las encontraras en la siguiente página)* Si hay algo que tal no entendiste; tranquilo es normal, al iniciar un nuevo aprendizaje. O tal vez, no me he explicado bien **;)**. Bueno; sea cual sea la razón, *"Si tienes alguna pregunta, puedes publicarla en mi **Website**" o "**Escribirme directamente a mi Correo**" (E-mail)*.

MásterCoach.YlichTarazona@gmail.com
http://www.reingenieriamentalconpnl.com

*Si te ha gustado este **curso práctico de hipnosis**, y deseas "**contribuir**" con tu **aporte**, para **apoyarme** a seguir realizando este maravilloso trabajo, que con todo el cariño, preparado para ustedes. Puedes hacerlo a través del siguiente **Link o Enlace**.*

http://bit.ly/PaypalDonación
Gracias por tu Contribución

EL PODER DE UN PROPÓSITO: *"Saber cuál es el propósito que le da sentido a nuestra existencia, es lo que nos permite finalmente redescubrir porque estamos aquí y para que hemos nacido. **Recordemos que todos hemos nacido con un propósito, todos tenemos una misión.** Y cuando la descubrimos y vamos en pos de ella, esto no solo le dará sentido a nuestra existencia, sino que abrirá un sinfín de probabilidades que nos llevaran directo a nuestro lugar de destino" -. **YLICH TARAZONA**. -*

Soluciones a los Ejercicios de la Lección Anterior:

¿Toda persona puede hipnotizar, al seguir este curso si se lo propone?
R) = SI

¿Cualquier persona puede llegar a ser un buen hipnotizador profesional?
R) = SI

¿Todo el mundo es, y puede ser hipnotizado? EXPLIQUE POR QUE
R) = Porque sabiendo el **CÓMO** y al **QUE** responde en un determinado momento o circunstancia una persona, podemos sugestionarle e hipnotizarle siguiendo esos principios. *Se puede aprender a* **HIPNOTIZAR**, *a cualquier persona, en cualquier momento y en cualquier lugar. El asunto no es, si entrara en hipnosis, la cuestión es, cuando entrara. Ya que toda persona es* **HIPNOTIZABLE** *si se sabe el* "**COMO**" *y al* "**QUE**" *responde.*

¿La hipnosis es inofensiva por sí misma, y no entraña peligro alguno? EXPLIQUE POR QUE
R) = *El estado hipnótico no entraña peligro alguno, puesto que la* **HIPNOSIS** *es un estado natural de todo ser humano.*

¿Si existiera algún riesgo en la hipnosis cual sería la razón que la pudo haber provocado?
R) = *Si existiera alguna posibilidad de peligro en algún momento; esto sólo podría ser casado, por medio de la práctica desautorizada, negligente e incompetente por parte de un* **Hipnotista, Hipnotizador, Hipnólogo e Hipnoterapeuta**; *que ejerza sin los conocimientos previos necesarios de lo que hace, o sin la titulación universitaria superior requerida, si así fuera el caso.*

¿Cuáles son algunos riesgos de la hipnosis, cuando se utiliza inapropiadamente?
R) = Si no eres *psiquiatra, psicólogo o hipnoterapeuta titulado, colegiado y certificado* y careces de información sobre el pasado de la persona *(puedes acentuar un desequilibrio, pero no provocarlo.)* También puedes proporcionarle un pretexto para que caiga en un desequilibrio latente.

¿Cuáles son algunas recomendaciones a tomar en cuenta, antes, durante y después de practicar nuestra sesión de hipnosis?
R) = Es conveniente practicar la hipnosis clínica sin antes: *Haber mantenido una entrevista previa con el sujeto, haber realizado el informe médico, leer y rellenar el guion terapéutico con el paciente, llenar el contrato o acuerdo PostHipnótico para tener presente las metas que se quieren lograr con la sesión, profundizar el motivo de la consulta o sesión, hacer preguntas al sujeto para localizar posibles problemas psicológicos y fisiológicos si los hubiera, detectar miedos, traumas, fobias, expectativas, deseos e intereses, etc.*

¿Qué tienes que saber, conocer y dominar para ser un excelente hipnotizador y llevar tus prácticas y sesiones de hipnosis al siguiente nivel?

R) = *Hay que saber utilizar adecuadamente el tono de nuestra voz, hay que saber que ritmo, compás y estilo hay que hay que emplear en cada estado, y reconocer la fase en la que nos encontramos, hay que ir realizando pruebas de sugestionabilidad, pruebas encubiertas, inducciones, convencedores y profundizadores de estados hipnóticos, Inducir, profundizar, crear fenómenos hipnóticos, realizar sugestión posthipnótica, finalizar correctamente los procedimientos del despertar, aumentar tu CÍRCULO DE POTENCIA o Nivel de Fuerza de un (FP1, FP2 y FP3) a un Nivel de Autoridad Mayor o NIVEL SUPERIOR FP5 y superiores, elegir los estado de trance hipnóticos que deseamos alcanzar en función a nuestros objetivos (ESTADO HIPNOIDAL o Encantamiento Z0 y Z1, TRANCE HIPNÓTICO LEVE o Superficial Z1, TRANCE HIPNÓTICO MEDIO o Cataléptico Z1 y Z2 o TRANCE HIPNÓTICO UMBRAL SONAMBÚLICO Z2 según sea el caso.*

¿Según lo que hemos estudiado, cuales son los 4 tipos de títulos atribuidos a los diferentes especialistas y expertos en la práctica de la Hipnosis?

R) = Los 4 tipos de títulos atribuidos a los diferentes especialistas y expertos en la práctica de la Hipnosis son:
- ✓ **HIPNOTISTA** = *Aplicado al Hipnotista Callejero.*
- ✓ **HIPNOTIZADOR** = *Aplicado al Hipnotizador en Show de Espectáculos.*
- ✓ **HIPNÓLOGO CLÍNICO** = *Aplicado al Profesional en la práctica de la* HIPNOSIS CLÍNICA.
- ✓ **HIPNOTERAPEUTA** = *Aplicado al Profesional en la práctica de terapias,* sesiones de HIPNOTERAPIA.

¿Aceptas 100% cumplir fielmente los dos (2) compromisos y condiciones para seguir avanzando el curso online?

R) = SI, **Acepto 100%** cumplir fielmente los "**2 Compromisos** y **Condiciones**" para seguir avanzando el curso online.

¿Debes estar titulado, colegiado y con estudios superiores universitarios para poder ejercer profesionalmente como hipnotista clínico o hipnoterapeuta?

R) = SI

¿Puedes convertirte en el mejor hipnotista callejero o el mejor hipnotizador en show de espectáculo si te lo propones y adquieres con conocimientos previos?

R) = SI

¿Qué ES LO MÁS IMPORTANTE QUE HAS APRENDIDO EN ESTA LECCIÓN?

R) = "Respuesta Libre" Cada participante puede disponer de esta preguntar para responder según lo que haya aprendido y lo que le gustaría compartir con el FACILITADOR.

<u>*IMPORTANTE*</u>: *Recuerda que para pasar a la siguiente nivel de este **curso de hipnosis práctica**, que he preparado y diseñado para ti. Implica **QUE HAS ACEPTADO 100%** las **condiciones** y **compromisos** mencionados anteriormente.*

<u>MásterCoach.YlichTarazona@gmail.com</u>
<u>http://www.reingenieriamentalconpnl.com</u>

*Si te ha gustado este **curso práctico de hipnosis**, y deseas "**contribuir**" con tu **aporte**, para **apoyarme** a seguir realizando este maravilloso trabajo, que con todo el cariño, preparado para ustedes. Puedes hacerlo a través del siguiente <u>Link</u> o <u>**Enlace**</u>.*

<u>http://bit.ly/PaypalDonación</u>
Gracias por tu Contribución

EL PODER DE UN PROPÓSITO *(**Segunda Parte**): "Saber hacia dónde vamos, es importante y esencial en nuestro camino a la excelencia personal, tener un norte establecido nos permite caminar en la dirección correcta, saber hacia dónde vamos nos permite establecer la ruta y las coordenadas por la cual debemos dirigirnos y guiarnos para llegar a nuestro destino. En otras palabras, tener claro nuestra misión de vida y saber cuál es el propósito que le da sentido a nuestra existencia, es lo que nos permite finalmente redescubrir porque estamos aquí y para que hemos nacido. Recordemos que todos hemos nacido con un propósito, todos tenemos una misión y cuando la descubrimos y vamos en pos de ella, esto no solo le dará sentido a nuestra existencia sino que abrirá un sinfín de probabilidades que nos llevaran directo a nuestro lugar de destino". **YLICH TARAZONA***

SEGUNDO CAPÍTULO: ESTADOS DE LA HIPNOSIS Y NIVELES DE PROFUNDIDAD

Hola que tal aprendiz, hemos llegado a la segunda parte de este curso de hipnosis práctica. *En esta lección aprenderemos sobre los **Niveles de la Hipnosis.***

LOS TRES (3) ESTADOS DE LA HIPNOSIS:

Para comenzar esta lección, vamos a utilizar la clasificación de ***Eric Barone.***

Vamos a clasificar los **ESTADOS DE LA HIPNOSIS** según los **"tipos"** de **sugestiones aceptadas**, su **círculo de potencia** o **nivel de fuerza**, las **características** y sus **niveles de frecuencias** u **ondas cerebrales** presentadas en cada estado particular. *En **orden de profundidad**, que son: **Z1** y **Z2** "(El **estado normal** sería el **Z0** y el **no estado** seria el **Z3**).*

El Estado Z0 (Normal)

En este inicio de la **sesión de hipnosis** el sujeto (**espectador**) paciente o participante, se encuentra en el **ESTADO NORMAL DE ALERTA** o **ESTADO DE VIGILIA (Z0)**. Este estado consciente se caracteriza por un alto nivel de frecuencia u ondas cerebrales en la ***actividad neuronal BETA que oscila entre los 14 a 28 Hz (ciclos por segundo o cps)***

Este **estado Z0** es la expresión manifiesta de las sensaciones y percepciones sensoriales *(V-A-K "O y G") **Visual**, **Auditivo** y **Sensorial** "**Kinestésico**". Este **estado Z0** permite recibir y aceptar sugestiones simples, afirmaciones positivas, inducciones y patrones hipnóticos a través de la **hipnosis conversacional** de un **CÍRCULO DE POTENCIA**, Nivel de Fuerza o Nivel de Autoridad "FP0".*

El **Estado Z0** es propicio para concentrarse en una actividad específica, se caracteriza por *la expresión del lenguaje verbal y el no verbal en la comunicación, la memoria, las emociones, los recuerdos, los instintos, la atención, los pensamientos, los deseos, las acciones y el conocimiento. Se caracteriza por mantenerse totalmente alerta con los 5 sentidos activos (**vista**, **oído**, **tacto**, **gusto** y **olfato**).*

El Estado Z1 (Leve)

Este **estado Z1 (leve)** está dividido en "(2 NIVELES)" nivel de estado *HIPNOIDAL o Encantamiento y nivel de TRANCE HIPNÓTICO LEVE o Superficial.*

El **estado Z1**, del **Nivel HIPNOIDAL** o **Encantamiento**. Es el estado semi-consciente, que se caracteriza por la disminución de los niveles de frecuencia u ondas cerebrales en la ***actividad neuronal ALFA / ALPHA que oscila entre los 8 a 13 Hz (ciclos por segundo o cps).***

Estado Z1 de ***TRANCE LIGERO*** *propicio para comenzar a realizar* **autohipnosis y practicar hipnosis.** *Es un estado favorable para recibir y aceptar sugestiones simples, afirmaciones positivas, inducciones progresivas y patrones hipnóticos básicos de un* ***CÍRCULO DE POTENCIA, Nivel de Fuerza*** *o* ***Nivel de Autoridad "FP1" y "FP2".*** En este **estado Z1** del **Nivel "HIPNOIDAL o Encantamiento"** el sujeto (**espectador**) paciente o participante es consciente de todo lo que ocurre en su entorno, por lo que en ocasiones pude dudar de su ***ESTADO DE TRANCE HIPNÓTICO HIPNOIDAL*** *o* ***Encantamiento***, ya que escucha al hipnotizador y percibe todo lo que sucede en su entorno y medio ambiente que le rodea. *Pero al despertar; mayormente evaluarán el tiempo incorrectamente, creerán que han pasado diez minutos cuando en realidad ha pasado un tiempo mucho mayor de lo percibido. Este* **estado Z1** *del* **Nivel "HIPNOIDAL o Encantamiento"** *nos hace más sugestionables a las emociones y sentimientos.*

Este **ESTADO HIPNÓTICO Z1 se presenta de forma natural o puede ser creada o estimulada a través de varios estímulos sensoriales.** <u>**POR EJEMPLO:**</u>
- ✓ *Al ver una película, ir al cine, escuchar una determinada música.*
- ✓ *Mientras hacemos una oración o recitamos un mantra.*
- ✓ *Mientras nos sumergimos en la lectura de un buen libro.*
- ✓ *Cuando estamos enamorados - enamoramiento o encantamiento.*
- ✓ *Cuando tenemos una perdida leve de la noción del tiempo.*
- ✓ *Cuando tenemos receptividad a ciertas propagandas o publicidad.*
- ✓ *Se manifiesta cuando soñamos despiertos o visualizamos.*
- ✓ *Mientras oímos una clase o presenciamos una charla o conferencia.*

Se caracteriza por presentar los siguientes FENÓMENOS HIPNÓTICOS
- ✓ *Relajamiento Mental*
- ✓ *Relajamiento Físico*
- ✓ *Disminución parcial de la respiración*
- ✓ *Disminución parcial del pulso o ritmo cardiaco*
- ✓ *Sensación del letargia leve*
- ✓ *Sensación de catalepsia leve*
- ✓ *Cierre de ojos parcial*
- ✓ *Aumento del número de pestañeo*
- ✓ *Aletargamiento parcial de la mente*

Como este **estado Z1** *es muy inestable, y el individuo siempre tiende a regresar a su estado normal de vigilia. Por esta razón, es aconsejable que durante este periodo, el* **Hipnotista, Hipnotizador, Hipnólogo** *o* **Hipnoterapeuta** *deberá tener en cuenta el alternar y profundizar con técnicas y metodologías sonoras, táctiles y visuales, para llevar a la persona al siguiente* **nivel** *del* **estado Z1.** *El* ***TRANCE HIPNÓTICO LEVE*** *o* ***Superficial.*** Estado semi-inconsciente, que se caracteriza por una mayor disminución de los niveles de frecuencia u ondas cerebrales en la ***actividad neuronal ZETA / THETA que oscila entre los 6 a 7 Hz (ciclos por segundo o cps).***

*Este del **estado Z1** el **TRANCE HIPNÓTICO LEVE** o **Superficial** es propicia para aceptar y recibir una mayor cantidad e sugestiones directas e inducciones sugestivas leves, patrones hipnóticos y comandos progresivos de un **CÍRCULO DE POTENCIA**, **Nivel de Fuerza** o **Nivel de Autoridad** "FP3" y "FP4".*

En este estado, el sujeto es consciente de todo lo que ocurre a su alrededor, por lo que en ocasiones también pude dudar estar bajo los efectos del ***Nivel*** del ***ESTADO TRANCE HIPNÓTICO LEVE*** o ***Superficial***, aunque al despertar evaluará que el tiempo ha transcurrido rápidamente sin percatarse de ello del todo. Creerá haber pasado un tiempo, cuando en realidad ha pasado mucho más del percibido.

El **Nivel** del ***ESTADO Z1 TRANCE HIPNÓTICO LEVE*** o ***Superficial*** es propicio para practicar la relajación, la meditación, la concentración y desarrollar los estados de la excelencia, a través de la hipnosis. Este estado también es propicio, para practicar intimidad y relaciones sexuales a un nivel superior multiorgásmico, tipo sexo tántrico tibetano o sexo hindúes "Kama Sutra".

*Estado **ONÍRICO** o estado **CREPUSCULAR** propicio para estimular y crear sueños lucidos, provocar viajes astrales o Experiencias extra corporales. Estado propicio para comenzar a sugestionar e inducir cambios positivos en nuestros pensamientos, sentimientos, conductas y hábitos.*

Se caracteriza por presentar los siguientes FENÓMENOS HIPNÓTICOS
- ✓ *Mayor control de las emociones y sentimientos*
- ✓ *Disminución de la respiración, esta se hace más lenta*
- ✓ *Disminución paulatina del pulso o ritmo cardiaco*
- ✓ *Sensación del letargia o aletargamiento físico y mental*
- ✓ *Sensación de catalepsia ocular y de extremidades*
- ✓ *Cierre de ojos y Aumento del número de pestañeo*
- ✓ *Aumento de la empatía, lo que permite crear un mayor rapport en las sesiones de hipnosis clínica terapéuticas o los show de hipnosis de espectáculos*
- ✓ *La persona se hace mucho más susceptible a las sugestiones e inducciones siendo más propicias para recibir y aceptar órdenes directas*
- ✓ *Estado propicio para practicar sesiones de hipnosis, coaching y PNL entre otras prácticas alternativas, como reiki, yoga, taichí o acupuntura.*
- ✓ *Aumento de la Capacidad de Reflejos (Artes Marciales)*
- ✓ *Estado propicio y muy efectivo para programar la mente, hacer una reingeniería cerebral, practicar hipnopedia, auto-hipnosis, auto-sugestión, auto-visualización o aprender o practicar algún nuevo idioma o habilidad.*

LAS SUGESTIONES QUE SE ACEPTAN EN ESTE ESTADO DEBEN SER SUGESTIONES POSITIVAS, AFIRMATIVAS Y PROGRESIVAS. El **grado** de ***CÍRCULO***

DE POTENCIA o Nivel de Fuerza del Z1 es (FP2 y FP3), y de Nivel de Autoridad o NIVEL SUPERIOR hasta FP4 "**{(Más tarde hablaremos de los tipos de sugestión según los grados o niveles de autoridad)}**". Para continuar, <u>**TOMANDO COMO EJEMPLO**</u>: El de un fumador que ha decidido a dejar de fumar. **Las sugestiones posibles en el estado Z1 son**: *A partir de ahora tienes las ganas y el deseo de respirar mejor y mejor cada día, A partir de ahora siente tus pulmones despejados, y libre lo que te permite respirar mejor cada día, Tu deseo de fumar disminuye cada vez más y más, cada día que pasa la ansiedad de fumar va disminuyendo progresivamente, y eso te hace sentir mejor y mejor, tanto mental como físicamente.*

<u>El Estado Z2 (Profundo)</u>

Este **estado Z2 (leve)** está dividido en "(**2 NIVELES**)" **TRANCE HIPNÓTICO MEDIO** o **Cataléptico** y **TRANCE HIPNÓTICO UMBRAL SONAMBÚLICO.**

El **estado Z2**, del *Nivel TRANCE HIPNÓTICO MEDIO o Cataléptico.* Es el estado de mayor semi-inconsciencia, se caracteriza por una mayor disminución de los niveles de frecuencia u ondas cerebrales en la *actividad neuronal ZETA / THETA que oscila entre los 4 a 5 Hz (ciclos por segundo o cps)* perceptibles exteriormente.

El **estado Z2**, del *Nivel TRANCE HIPNÓTICO MEDIO o Cataléptico* es propicio para recibir y aceptar una mayor cantidad de sugestiones, inducciones y órdenes subjetivas directas a través de *patrones y comandos hipnóticos de un CÍRCULO DE POTENCIA, Nivel de Fuerza o Nivel de Autoridad* "**FP5**" *y* "**FP6**".

Se caracteriza por los siguientes FENÓMENOS HIPNÓTICOS
✓ Permite al sujeto aceptar inhibiciones. *(Sugestiones de Prohibición)*
✓ *Producir y generar Fenómeno Hipnótico, tales como: Analgesia y Anestesia Baja y Media, (Tolerancia y capacidad susceptible para aliviar y controlar ciertos grado de dolor), Efecto faquir – Traspasarse con aguja, anestesia quirúrgica local.*
✓ *Amnesia ligera y media, capacidad para olvidar ciertas ideas o sencillas, tales como nombres, fechas, números, colores, olores, sabores y sucesos.*
✓ *Fenómeno Hipnótico Letargo, Catalepsia y Catatónico Cataléptico Medio*
✓ *Capacidad de mantener el Trance Hipnótico Medio o Cataléptico, bien sea con los ojos abiertos o cerrados.*
✓ *Este estado Hipnótico Medio o Cataléptico permite al sujeto aceptar una inhibición (Una prohibición leve) por ejemplo comenzar a dejar un mal hábito.*
✓ *Estado ONÍRICO o estado CREPUSCULAR propicio para estimular, crear mantener sueños lucidos, provocar viajes astrales y Experiencias extra corporales.*
✓ *Alucinaciones Multisensoriales Leves Visuales, Auditivas y Kinestésica, Olfativas y Gustativa*
✓ *Capacidad para entrar y mantener niveles profundos de Relajación, Meditación, Concentración e Hiper Sugestionabilidad.*

El **estado Z2**, del *Nivel TRANCE HIPNÓTICO UMBRAL o SONAMBÚLICO*. Es el **estado de mayor trance hipnótico alcanzado** en **Z2**, y se caracteriza por un mayor grado en la disminución de los niveles de frecuencia u ondas cerebrales en la ***actividad neuronal DELTA que oscila entre los 0,5 a 3 Hz o (ciclos por segundo o cps),*** *que es perceptibles exteriormente con una mayor claridad comparado con los otros estados anteriores.*

El **estado Z2**, del nivel ***TRANCE HIPNÓTICO UMBRAL o SONAMBÚLICO*** es propicio para recibir y aceptar una mayor cantidad de sugestiones, inducciones y órdenes directas subjetivas a través de patrones y comandos hipnóticos *de un* ***CÍRCULO DE POTENCIA, Nivel de Fuerza o Nivel de Autoridad*** "**FP7**" *y* "**FP8**".

Se caracteriza por los siguientes FENÓMENOS HIPNÓTICOS
✓ Este estado Hipnótico Sonambúlico permite al sujeto aceptar inhibiciones *(Una prohibición medias y altas) por ejemplo dejar o controlar algún mal hábito.*
Estado propicio para la practicar de Sesiones y Show, Regresiones y Trances.
✓ *Estado propicio para crear fenómenos hipnóticos y estimular la "hiper – sugestionabilidad", "hiper-creatividad" y la "hiper-concentración"* **que permite la aparición de respuestas ideo motoras, ideo sensoriales, e ideo-emocionales** *amplificando los niveles de respuesta y profundizando las experiencias sugestivas extra sensorial, física y mental.*
✓ Capacidad de desarrollar Fenómeno Hipnótico Analgesia y Anestesia moderada, control total del dolor, capacidad de caminar sobre brasas ardiendo, atravesarse con alfileres y tener tolerancia al contacto con el fuego y el hielo.
✓ Amnesia desarrollar la capacidad de olvidar situaciones, recuerdos, acontecimientos, fobias, miedos y traumas.
✓ Fenómeno Hipnótico Letargo, Catalepsia y Catatónico Cataléptico moderada y alta de extremidades o cuerpo entero.
✓ Capacidad de mantener el Trance Hipnótico con los ojos abiertos o cerrados y desarrollar la capacidad de mantener los fenómenos hipnóticos.
✓ **Estado de hiper – sugestionabilidad**" es decir una **amplificación superior de respuesta** o **profundizador de las experiencias sugestivas** o estado de **hiper concentración y relajación total** que se asocia metafóricamente al adormecimiento profundo, esta última llamada **estado de trance hipnótico**.
✓ Alucinaciones Multisensoriales Medias, Altas y Moderas - Visuales, Auditivas y Kinestésica, Olfativas y Gustativa. *(Ver cosas que en realidad no se ven, Escuchar cosas que en realidad no se escuchan, Sentir sensaciones, sentimientos y contactos físico que en realidad no son reales, Olfatear y Degustar olores o sabores que en realidad no existen en el mundo físico real)*
✓ Capacidad para controlar conscientemente el ritmo cardiaco, la respiración profunda o letárgica y controlar voluntariamente los niveles corporales del cuerpo para soportar altas o bajas temperaturas.
✓ Nivel superior de control prolongado del trance y los fenómenos hipnóticos y el estado de sonambulismo aún con los ojos abiertos.

✓ *Desarrollo de la capacidad de la* **XENOGLOSIA** *que es la habilidad o fenómeno paranormal hipnótico de hablar idiomas y lenguajes desconocidos.*

✓ *Capacidad de la* **NOESIOLOGÍA** *que es la habilidad de curación con el pensamiento. Del griego* **noesis***: acción de pensar, y* **terapia** *curación.*

✓ **PSICOGRAFÍA** *Habilidad psíquica de una persona que escribe letras sin estar consciente. La persona afirma que las palabras fueron escritas por el subconsciente, por un espíritu o por fuerzas sobrenaturales relacionadas a la hipnosis.*

✓ *Capacidad de desarrollar Fenómenos Hipnóticos como las* **regresiones***, la* **distorsión** *o* **disociación del tiempo***, las* **ilusiones corporales***,* **visuales** *o* **auditivas***, la* **meditación profunda***, y por supuestos las* **experiencias místicas***, clarividencia, psicografía, xenoglosia y noesiología.*

En este **estado Z2**, del *Nivel TRANCE HIPNÓTICO UMBRAL o SONAMBÚLICO*, el sujeto **tiene adormecidas sus Facultades Críticas** *("Factor Crítico de la Mente")*. Continúa comunicándose y sigue recibiendo mensajes del mundo exterior, pero cuando se despierte no recordará temporalmente algunos acontecimientos, situaciones, recuerdos, vivencias y experiencias que hayan sucedido en determinados contextos. *Al decir que se le* **borra** *o se le* **olvida** *temporal ciertos acontecimientos, me refiero a que cuando despierte el sujeto y regrese a su estado de lucidez (estado de alerta o vigilia), si le preguntamos que nos cuente todo lo que recuerda desde el inicio de la sesión de hipnosis, solo recordará hasta el momento antes, de lo que le hizo entrar en el estado de trance hipnótico profundo.*

En comparación con el (**estado Z1**), *este estado Z2 permite al sujeto* **aceptar ordenes** *de un* **grado mayor** *de* **CÍRCULO DE POTENCIA** *o Nivel de Fuerza (FP7 y FP8), y de un Nivel de Autoridad Mayor o NIVEL SUPERIOR FP9 y superiores*. En el **estado Z2** el sujeto *aceptar ordenes, sugestiones, inducciones comandos y patrones hipnóticos de inhibición. Una orden, sugestión e inducción hipnótica de prohibición se incorpora también bastante bien en su inconsciente y profundamente en su comportamiento. En el caso del fumador del* <u>**EJEMPLO ANTERIOR**</u>*:* **ESTE ESTADO Z2 PERMITE SUGESTIONES DE INHIBICIÓN Y PROHIBICIONES** *juntas a las* **inducciones positivas, afirmativas y progresivas** *como: A partir de ahora, te sientes tan bien contigo mismo, que se te hace sencillo dejar de fumar, Cada día que pasa te sientes tan bien, que eso te permite hacerte cada vez más y más indiferente de fumar cigarrillos, Sientes tus pulmones tan renovados, frescos y limpios que esa sensación de bienestar y placer es más poderosa que la del deseo de volver a fumar, "A partir de ahora, tu fuerza de voluntad será tan firme, que cada vez que encienda un cigarrillo sentirá náuseas y ganas de vomitar"*

<u>El Estado Z3 (Muy Profundo) No sirve para hacer hipnosis</u>

Este **estado Z3 (Profundo)** se le conoce como **ESTADO DE FUGA**. Ya que cuando una persona rehúsa aceptar la realidad mayormente causado por un proceso traumático o estado de shock emocional, y no consigue despertar a la realidad, se refugia en un estado más profundo, el **Z3**, como medida preventiva.

En este **estado Z3**, el sujeto pierde la conciencia; ha roto toda relación con el mundo exterior; no escucha nada conscientemente y se comporta como si estuviera anestesiado, por tal razón este **estado Z3** no es propicio para hacer hipnosis.

El **ESTADO Z3 (Es un Estado Muy Profundo de Ensueño)**; si esto fenómeno sucediera, lo notaremos muy fácilmente, al ver que el sujeto que no reacciona a nuestras sugestiones hipnóticas, y hasta podemos verlo incluso dormirse de verdad *(literal o fisiológicamente)* hablando. *En este* **ESTADO Z3 (Estado Muy Profundo de Ensueño)**, *el sujeto incluso una vez despierto, no podrá recordar nada de lo que ha sucedido en esta fase.* **(Aunque se lo recordemos nosotros)** *y la razón es simple y sencilla* **"Fue porque se durmió, y dormido como es lógico, no solo no recibe ninguna orden hipnótica, sino que no recordará nada de lo que se le diga, incluso si hizo alguna acción involuntaria durante el sueño"**...

Esto es lógico, y está muy claro. Es como tratar de hacer recordar a un **SONÁMBULO** *(persona que habla y camina mientras está dormido)* que recuerde lo que hizo o dijo mientras estuvo dormido. ¿**Es imposible cierto**? bueno lo mismo sucede en este **ESTADO Z3 (Estado Muy Profundo de Ensueño)**.

<u>SÍNTESIS:</u>

<u>Hasta esta parte del curso, deberás haber aprendido:</u>

✓ Los tres estados y los niveles de la hipnosis son: **Z1 (leve)**, **Z2 (profundo)**, **Z3 (muy profundo)**

✓ **Z1**: El hipnotizado piensa que todavía no ha caído bajo el efecto de la hipnosis, solo acepta sugestiones positivas, afirmativas o progresivas.

✓ **Z2**: Sus facultades críticas disminuyen, no suele recordar nada de lo que pasa, este estado permite al sujeto aceptar una inhibición. (Una prohibición)

✓ **Z3**: Estado de huida debido a que rehúsa una sugestión o no consigue despertar, no hay relación con el hipnotizado, no escucha. (Para despertarlo, se despertaría como a cualquier persona con sueño normal.)

Aprendimos también los estados y los grados o niveles de la Hipnosis

ESTADO DE VIGILA "Z0"– Presente aquí y ahora.
ESTADO BETA = Entre 14 a 28 *Hz o* **(ciclos por segundo o cps)**
Recibir y aceptar sugestiones simples, afirmaciones positivas, inducciones y patrones a través de la hipnosis conversacional de un CÍRCULO DE POTENCIA, Nivel de Fuerza o Nivel de Autoridad "FP0". Se caracteriza por mantenerse totalmente despierto, alerta y con los 5 sentidos activos (vista, oído, tacto, gusto y olfato).

ESTADO HIPNOIDAL *o Encantamiento Z0 y Z1.*
ESTADO ALFA / ALPHA = Entre 8 a 13 *Hz o* **(ciclos por segundo o cps)**

*Estado de TRANCE LIGERO propicio para comenzar a realizar autohipnosis, practicar hipnosis y es un estado favorable para recibir y aceptar sugestiones simples, afirmaciones positivas, inducciones progresivas y patrones hipnóticos básicos de un CÍRCULO DE POTENCIA, Nivel de Fuerza o Nivel de Autoridad "**FP1**" y "**FP2**".*

Estado hipnótico que se presenta de forma natural o creada por ejemplo:
- ✓ Al ver una película, ir al cine, escuchar una determinada música.
- ✓ Mientras hacemos una oración o recitamos un mantra.
- ✓ Mientras nos sumergimos en la lectura de un buen libro.
- ✓ Cuando estamos enamorados - enamoramiento o encantamiento.

Se caracteriza por los siguientes FENÓMENOS HIPNÓTICOS
- ✓ Relajamiento Mental
- ✓ Relajamiento Físico
- ✓ Disminución parcial de la respiración
- ✓ Disminución parcial del pulso o ritmo cardiaco
- ✓ Sensación del letargia leve
- ✓ Sensación de catalepsia leve

TRANCE HIPNÓTICO LEVE o Superficial Z1.
ESTADO ZETA / THETA = Entre 4 a 7 *Hz* o (ciclos por segundo o cps)

*Es propicia a aceptar y recibir una mayor cantidad e sugestiones directas e inducciones sugestivas leves y patrones hipnóticos y comandos progresivos de un CÍRCULO DE POTENCIA, Nivel de Fuerza o Nivel de Autoridad "**FP3**" y "**FP4**".*

Se caracteriza por los siguientes FENÓMENOS HIPNÓTICOS
- ✓ Mayor control de las emociones y sentimientos
- ✓ Disminución de la respiración, esta se hace más lenta
- ✓ Disminución paulatina del pulso o ritmo cardiaco
- ✓ Sensación del letargia o aletargamiento físico y mental
- ✓ Sensación de catalepsia ocular y de extremidades
- ✓ Cierre de ojos y Aumento del número de pestañeo

TRANCE HIPNÓTICO MEDIO o Cataléptico Z1 y Z2.
ESTADO ZETA / THETA = Entre 4 a 7 *Hz* o (ciclos por segundo)

Es propicio para recibir y aceptar una mayor cantidad de sugestiones, inducciones y órdenes subjetivas directas a través de *patrones hipnóticos de un CÍRCULO DE POTENCIA, Nivel de Fuerza o Nivel de Autoridad "**FP5**" y "**FP6**".*

Se caracteriza por los siguientes FENÓMENOS HIPNÓTICOS
- ✓ Fenómeno Hipnótico Analgesia y Anestesia Baja y Media, *(Tolerancia y capacidad susceptible para aliviar y controlar ciertos grado de dolor),* Efecto faquir – Traspasarse con aguja, anestesia quirúrgica local.
- ✓ Amnesia ligera y media, capacidad para olvidar ciertas ideas o sencillas, tales como nombres, fechas, números, colores, olores, sabores y sucesos.
- ✓ Capacidad de mantener el Trance Hipnótico Medio o Cataléptico, bien sea con los ojos abiertos o cerrados.
- ✓ Este estado Hipnótico Medio o Cataléptico permite al sujeto aceptar una inhibición *(Una prohibición leve) por ejemplo comenzar a dejar un mal hábito.*

✓ Estado ONÍRICO o estado *CREPUSCULAR* propicio para estimular, crear mantener sueños lucidos, provocar viajes astrales y Experiencias extra corporales.

TRANCE HIPNÓTICO UMBRAL SONAMBÚLICO o Sonambúlico Z2.
ESTADO DELTA = Entre 0,5 a 3 *Hz* o (ciclos por segundo o cps),
Es propicio para recibir y aceptar una mayor cantidad de sugestiones, inducciones y órdenes directas subjetivas a través de patrones y comandos hipnóticos de un CÍRCULO DE POTENCIA, Nivel de Fuerza o Nivel de Autoridad "FP7" y "FP8".
Se caracteriza por los siguientes FENÓMENOS HIPNÓTICOS

✓ *Estado propicio para crear fenómenos hipnóticos y estimular la "hiper – sugestionabilidad", "hiper-creatividad" y la "hiper-concentración"* **que permite la aparición de respuestas ideo motoras, ideo sensoriales, e ideo-emocionales** *amplificando los niveles de respuesta y profundizando las experiencias sugestivas extra sensorial, física y mental.*

✓ Capacidad de desarrollar Fenómeno Hipnótico Analgesia y Anestesia moderada, control total del dolor, capacidad de caminar sobre brasas ardiendo, atravesarse con alfileres y tener tolerancia al contacto con el fuego y el hielo.

✓ Fenómeno Hipnótico Letargo, Catalepsia y Catatónico Caталéptico moderada y alta de extremidades o cuerpo entero.

✓ **Estado de hiper – sugestionabilidad"** es decir una **amplificación superior de respuesta** o **profundizador de las experiencias sugestivas** o estado de **hiper concentración y relajación total** que se asocia metafóricamente al adormecimiento profundo, esta última llamada estado de trance hipnótico.

EJERCICIOS:

Para ver que has entendido todo, aquí van una serie de ejercicios:

1) ¿Según la clasificación que hemos estudiado, (según la sugestión aceptada) en cuantos estados podemos encontrarnos a una persona hipnotizada? Nómbralos:
R) =

2) **¿Qué tipo de sugestiones se aceptan en el estado Z1**? ¿Cuáles son los niveles de este estado y cuales son algunas de sus características**?** y ¿Qué CÍRCULO DE POTENCIA, Nivel de Fuerza o Nivel de Autoridad**?**
R) =

3) **¿Qué tipo de sugestiones se aceptan en el estado Z2**? ¿Cuáles son los niveles de este estado y cuales son algunas de sus características**?** y ¿Qué CÍRCULO DE POTENCIA, Nivel de Fuerza o Nivel de Autoridad**?**
R) =

4) ¿Qué tipo de sugestiones se aceptan en el estado Z3?
R) =

5) Imagínate que queremos hipnotizar a una persona, no tenemos mucho tiempo, así que necesitamos saber el estado mínimo en el que debemos sumir al sujeto para que acepte cada una de las sugestiones siguientes:

A. *Cada noche, cuando te tumbes en tu cama, te sentirás muy relajado, cada vez más relajado, y querrás dormir, puesto que sólo así podrás descansar y prepararte para el día siguiente... Z1*

B. *Siempre que te sientes a estudiar, te sentirás muy relajado, y verás cómo asimilas perfectamente cada página que lees, te costará menos memorizarlo Z1...*

C. *Cada noche, cuando te tumbes en tu cama, verás cómo caes en un sueño profundo. No habrá nada que te preocupe. Aunque intentes seguir despierto, tus ojos se cerrarán y podrás descansar plácidamente esa noche Z2...*

6) Escribe las sugestiones que podrías decir en el estado **Z1** y **Z2** a una persona que quiera dejar de tener miedo a los gatos:

R) =

7) ¿Qué ES LO MÁS IMPORTANTE QUE HAS APRENDIDO EN ESTA LECCIÓN?
R) =

Bueno **APRENDICES**, ¡Hemos **Terminado el Segundo Capitulo**! De este interesante **Curso de Hipnosis Practica**. Nuevamente mucha suerte con los ejercicios. Recuerda que si tienes alguna duda para responder el cuestionario relax, relájate. *(Las respuestas a estas preguntas las encontraras en la siguiente página)* Si hay algo que tal vez aún no comprendas; tranquilo, ya verás cómo poco a poco a medida del tiempo lo entenderás **"Te lo Prometo"** *"Si tienes alguna pregunta, puedes publicarla mi **Website**" o "**Escribirme directamente a mi Correo (E-mail)**"*.

MásterCoach.YlichTarazona@gmail.com
http://www.reingenieriamentalconpnl.com

*Si te ha gustado este **curso práctico de hipnosis**, y deseas "**contribuir**" con tu **aporte**, para **apoyarme** a seguir realizando este maravilloso trabajo, que con todo el cariño, preparado para ustedes. Puedes hacerlo a través del siguiente **Link o Enlace**.*

http://bit.ly/PaypalDonación
Gracias por tu Contribución

*"Creo firmemente que dentro del interior de cada uno de nosotros existe una semilla de grandeza y reside una vasta reserva de potencialidades y competencias ilimitadas que habitualmente permanecen adormecidas; esperando ser descubiertas y desarrolladas, para florecer hacia nuestro mundo exterior. Cuando cada uno de nosotros despierte ese potencial individual, redescubramos cual es nuestra misión y el propósito que le da sentido a nuestra vida, abriremos el camino a un nuevo despertar consciente a lo que yo llamo REINVENCIÓN y REINGENIERÍA PERSONAL" -. **YLICH TARAZONA**. -*

Soluciones al Ejercicios de la Lección Anterior:

1) ¿Según la clasificación que hemos estudiado, (según la sugestión aceptada) en cuantos estados podemos encontrarnos a una persona hipnotizada? Nómbralos:
R) = *Z1 y Z2. Se podría considerar el estado normal como Z0 y Z3 como no estado hipnótico*

2)   ¿Qué tipo de sugestiones se aceptan en el estado Z1?
R) = *Solo acepta sugestiones positivas, afirmativas y progresivas.*
R) = **ESTADO HIPNOIDAL** *o Encantamiento Z0 y Z1.*
R) = **ESTADO ALFA / ALPHA = Entre 8 a 13** *Hz* o **(ciclos por segundo o cps)**
R) = *Estado de TRANCE LIGERO propicio para comenzar a realizar autohipnosis, practicar hipnosis y es un estado favorable para recibir y aceptar sugestiones simples, afirmaciones positivas, inducciones progresivas y patrones hipnóticos básicos de un CÍRCULO DE POTENCIA, Nivel de Fuerza o Nivel de Autoridad* “**FP1**” *y* “**FP2**”.
R) = **Estado hipnótico que se presenta de forma natural o creada por ejemplo:**
✓   Al ver una película, ir al cine, escuchar una determinada música.
✓   Mientras hacemos una oración o recitamos un mantra.
✓   Mientras nos sumergimos en la lectura de un buen libro.
✓   Cuando estamos enamorados - enamoramiento o encantamiento.
Se caracteriza por los siguientes FENÓMENOS HIPNÓTICOS
✓   Relajamiento Mental
✓   Relajamiento Físico
✓   Disminución parcial de la respiración
✓   Disminución parcial del pulso o ritmo cardiaco
✓   Sensación del letargia leve
✓   Sensación de catalepsia leve
****
R) = *Este estado permite al sujeto aceptar una inhibición. (Una prohibición)*
R) = **TRANCE HIPNÓTICO LEVE o Superficial Z1.**
R) = **ESTADO ZETA / THETA = Entre 4 a 7** *Hz* o **(ciclos por segundo o cps)**
R) = *Es propicia a aceptar y recibir una mayor cantidad e sugestiones directas e inducciones sugestivas leves y patrones hipnóticos y comandos progresivos de un CÍRCULO DE POTENCIA, Nivel de Fuerza o Nivel de Autoridad* “**FP3**” *y* “**FP4**”.
R) = **Se caracteriza por los siguientes FENÓMENOS HIPNÓTICOS**
✓   Mayor control de las emociones y sentimientos
✓   Disminución de la respiración, esta se hace más lenta
✓   Disminución paulatina del pulso o ritmo cardiaco
✓   Sensación del letargia o aletargamiento físico y mental
✓   Sensación de catalepsia ocular y de extremidades
Cierre de ojos y Aumento del número de pestañeo

3)   ¿Qué tipo de sugestiones se aceptan en el estado Z2?
R) = **TRANCE HIPNÓTICO MEDIO o Cataléptico Z1 y Z2.**

R) = ESTADO ZETA / THETA = Entre 4 a 7 *Hz* o (ciclos por segundo)

R) = Es propicio para recibir y aceptar una mayor cantidad de sugestiones, inducciones y órdenes subjetivas directas a través de *patrones hipnóticos de un CÍRCULO DE POTENCIA, Nivel de Fuerza o Nivel de Autoridad* "**FP5**" *y* "**FP6**".

R) = Se caracteriza por los siguientes FENÓMENOS HIPNÓTICOS

✓ Fenómeno Hipnótico Analgesia y Anestesia Baja y Media, *(Tolerancia y capacidad susceptible para aliviar y controlar ciertos grado de dolor),* Efecto faquir *– Traspasarse con aguja, anestesia quirúrgica local.*

✓ Amnesia ligera y media, capacidad para olvidar ciertas ideas o sencillas, tales como nombres, fechas, números, colores, olores, sabores y sucesos.

✓ Capacidad de mantener el Trance Hipnótico Medio o Cataléptico, bien sea con los ojos abiertos o cerrados.

✓ Este estado Hipnótico Medio o Cataléptico permite al sujeto aceptar una inhibición *(Una prohibición leve) por ejemplo comenzar a dejar un mal hábito.*

✓ Estado ONÍRICO o estado *CREPUSCULAR* propicio para estimular, crear mantener sueños lucidos, provocar viajes astrales y Experiencias extra corporales.

****

R) = TRANCE HIPNÓTICO UMBRAL SONAMBÚLICO o Sonambúlico Z2.

R) = ESTADO DELTA = Entre 0,5 a 3 *Hz* o (ciclos por segundo o cps),

R) = Es propicio para recibir y aceptar una mayor cantidad de sugestiones, inducciones y órdenes directas subjetivas a través de patrones y comandos hipnóticos *de un CÍRCULO DE POTENCIA, Nivel de Fuerza o Nivel de Autoridad* "**FP7**" *y* "**FP8**".

R) = Se caracteriza por los siguientes FENÓMENOS HIPNÓTICOS

✓ *Estado propicio para crear fenómenos hipnóticos y estimular la* "*hiper – sugestionabilidad*", "*hiper-creatividad*" *y la* "*hiper-concentración*" **que permite la aparición de respuestas ideo motoras, ideo sensoriales, e ideo-emocionales** *amplificando los niveles de respuesta y profundizando las experiencias sugestivas extra sensorial, física y mental.*

✓ Capacidad de desarrollar Fenómeno Hipnótico Analgesia y Anestesia moderada, control total del dolor, capacidad de caminar sobre brasas ardiendo, atravesarse con alfileres y tener tolerancia al contacto con el fuego y el hielo.

✓ Fenómeno Hipnótico Letargo, Catalepsia y Catatónico Cataléptico moderada y alta de extremidades o cuerpo entero.

✓ **Estado de hiper – sugestionabilidad**" es decir una **amplificación superior de respuesta** o **profundizador de las experiencias sugestivas** o estado de **hiper concentración y relajación total** que se asocia metafóricamente al adormecimiento profundo, esta última llamada estado de trance hipnótico.

4) ¿Qué tipo de sugestiones se aceptan en el estado Z3?

R) = *No hay relación con el hipnotizado, no escucha. No acepta ninguna sugestión.*

5) Imagínate que queremos hipnotizar a una persona, no tenemos mucho tiempo, así que necesitamos saber el estado mínimo en el que debemos sumir al sujeto para que acepte cada una de las sugestiones siguientes:

_A._	_Z1. (Damos un consejo) Cada noche, cuando te tumbes en tu cama, te sentirás muy relajado, cada vez más relajado, y querrás dormir, puesto que sólo así podrás descansar y prepararte para el día siguiente... Z1_

_B._	_Z1. (Damos un consejo) Siempre que te sientes a estudiar, te sentirás muy relajado, y verás cómo asimilas perfectamente cada página que lees, te costará menos memorizarlo Z1..._

_C._	_Z2. (Damos una orden. De dormir) Cada noche, cuando te tumbes en tu cama, verás cómo caes en un sueño profundo. No habrá nada que te preocupe. Aunque intentes seguir despierto, tus ojos se cerrarán y podrás descansar plácidamente esa noche Z2..._

6)	Escribe las sugestiones que podrías decir en el estado Z1 y Z2 a una persona que quiera dejar de tener miedo a los gatos:

_Para el Z1__: ¿Sabes que tienes miedo a los gatos sin razón? Solo tienes que darte cuenta que casi nadie tiene miedo a los gatos. ¿Por qué será? Seguramente, porque los gatos no hacen nada. Solo son pequeñas mascotas que dan cariño a sus dueños. (Todo lo que se parezca a un consejo de por qué los gatos no hacen nada, es correcto.)_

_POR EJEMPLO__:_
_Z1:_ _A partir desde ahora, te sentirás con más y más seguridad y con más y más confianza al estar frente a un gato, a partir desde ahora veras como comenzaras a tener valor frente a los gatos, y vas a sentir cada vez menos temor a los gatos hasta el punto de comenzar a sentirte cada vez más y más tranquila al estar frente a uno._

_Para el Z2__: A partir de ahora los gatos no te dan miedo. Has comprendido que tu miedo no se basa en nada y que al igual que a toda la gente, a ti te gustan también los gatos. (Nos aprovechamos de que podemos dar órdenes y las aplicamos directamente. Tan directamente como decir: "A partir de ahora los gatos no te dan miedo.")_

_POR EJEMPLO__:_
_Z2:_ _A partir desde ahora, sientes más y más seguridad y más y más confianza al estar frente a un grato, al grado de tener mucho valor y coraje, confianza y seguridad que te permitirá nunca más temerle a los gatos, a partir desde ahora veras como comenzaras a tener más y más amor y simpatía frente a los gatos al grado de jamás volver a sentir sentimientos y emociones negativas, hasta el punto de comenzar a sentirte cada vez más y más tranquila, en paz y en control al tener contacto con uno._

Si te ha gustado este **curso práctico de hipnosis**, y deseas "**contribuir**" con tu **aporte**, para **apoyarme** a seguir realizando este maravilloso trabajo, que con todo el cariño, preparado para ustedes. Puedes hacerlo a través del siguiente **Link** o **Enlace.**

http://bit.ly/PaypalDonación
Gracias por tu Contribución

TERCER CAPÍTULO: LOS DOS (2) RECURSOS Y HERRAMIENTAS DEL HIPNOTIZADOR

Aprendiz; todo **HIPNOTIZADOR** profesional, cuenta con dos (2) útiles recursos y herramientas que emplea durante todo su **acto hipnótico**, Bien sea en sus *Sesiones de Hipnosis Clínica Terapéutica, o en sus Shows de Hipnosis Callejera o de Espectáculo.* Estos útiles recursos son: La **FASCINACIÓN** y la **SUGESTIÓN**.

La Primera Herramienta: LA FASCINACIÓN

Todos los seres humanos, disponemos de **percepción visual, percepción auditiva, percepción kinestésica** y **percepción sensorial (Olfato y Gusto).** *Estas percepciones, también se le conocen en otros campos y disciplinas como* **SUBMODALIDADES.** Las **Submodalidades** o **sistemas representativos de percepción** aplicada a la **HIPNOSIS,** son las distintas variables que pertenecen a un mismo **acceso de percepción** que utilizamos *"{Externamente para percibir el mundo}"* - e- *"{Internamente para representarlos en forma de experiencia}".* Y que definen la diferencia en cómo **procesamos, almacenamos** y **codificamos** los diferentes **fenómenos** y **procesos hipnóticos** que estamos **experimentando** a través de los "diferentes canales sensoriales" *(V-A-K- "O y G").* **Visual** *lo que vemos,* **Auditivo** *lo que oímos,* **kinestésico** *lo que tocamos y sentimos,* "**Sensorial - Olfativo** *lo que olemos y* **Gustativo** *lo que gustamos o probamos".*

Ahora para continuar con el tema de la **FASCINACIÓN. Imagínate** mi aprendiz, que nuestra **consciencia** o **MENTE CONSCIENTE**, es un analizador, que le gusta analizar todo *(El QUÉ, el por qué, el para qué, el cuándo, el cómo y el dónde...)* Esa *consciencia* o *MENTE CONSCIENTE, tiene un especie de filtro de información, llamada* **FACTOR CRÍTICO DE LA MENTE.** Este **factor crítico**, es quien permite determinar lo que le interesa y lo que no; de igual manera, es quien permite determinar lo entra en nuestra **MENTE SUBCONSCIENTE** y lo que es rechazado. En otras palabras, el **factor crítico** lo que no le interesa lo rechaza.

TE VOY A EJEMPLIFICAR ESTA IDEA CON UN BUEN EJEMPLO: *Imagínate que El hipnotizador da sugestiones a una persona, de que su mano no se va a poder despegar de su frente.* Entonces la **consciencia** del sujeto se activa y el **factor crítico** actúa y piensa... *"¿Cómo que mi mano no se va a poder despegar de mi frente? Si se encuentra bien, fuera de hipnosis... Eso orden no se puede cumplir..."* Es entonces cuando todas nuestras sugestiones son rechazadas sin dar efecto alguno.

La buena noticia aprendiz; es; que nuestra **consciencia** o **MENTE CONSCIENTE** sólo puede analizar un elemento de percepción a la vez, bien sea *(visual, auditiva,* **kinestésica** *o sensorial).* **PERMÍTEME DARTE OTRO EJEMPLO:** *Imagínate que estamos en el colegio, atendiendo al profesor de la clase. Con nuestra* **consciencia** *atenta a lo que dice el profesor, de repente entra alguien de improvisto por la puerta...*

En esos instantes, al abrirse la puerta no estamos atentos al profesor (como es lógico) porque nuestra "consciencia se desvió a ver" (quién está entrando por la puerta).

Pues, en **HIPNOSIS** aprovechamos esos instantes de distracción del *factor crítico*, *para* **incrustar la orden** *directamente en la* **MENTE SUBCONSCIENTE** *de la persona.* En otras palabras, **LA FASCINACIÓN** como recurso y herramienta utilizado en la **HIPNOSIS**, es la que nos permite intentar desviar el **factor crítico** de la **consciencia** del sujeto a fin de **implantar la sugestión** *(ordenes encubiertas)* directamente en la **MENTE SUBCONSCIENTE** de la persona a través de varias técnicas de **PERCEPCIÓN VISUAL**, "**Fijación en un objeto brillante**" que podrían ser *POR EJEMPLO: El ("péndulos"), las ("luces estroboscópicas") o los muy conocidos ("discos hipnóticos") así como también podemos introducir nuestras sugestiones en conjunto con otros canales de* **PERCEPCIÓN AUDITIVA**, "**Fijación de la atención a través de los sonidos**" que podrían ser *POR EJEMPLO: Escuchar una melodía (OÍR UN DETERMINADO SONIDO) utilizando adecuadamente un tono de voz específica, hablando en un tono de voz suave, pausado y relajado, con ritmo, estilo y compás describiendo imágenes mentales que generen en el paciente o participante una sensación de profundización del estado que queremos inducir.* **O la combinación de varios de estos elementos de fascinación hipnótica a la vez.**

EN RESUMEN: *La fascinación, es mantener al factor crítico y a la mente consciente del sujeto ocupada, para poder incrustar las sugestiones (ordenes), y que estas sean procesadas más fácilmente por el subconsciente de la persona.*

Aprendiz, al aplicar estas técnicas de **FASCINACIÓN** correctamente, seguramente las **órdenes**, **sugestiones** e **inducciones** no serán analizadas por el **factor crítico de la mente**; y por tal razón, serán asimiladas instantáneamente más fácilmente por el **subconsciente** de la persona. Y LISTO *¿Ya captaste la idea verdad?* Se unen las dos técnicas de **FASCINACIÓN**, y luego el cerebro a través de las instrucciones del hipnotizador hace todo el trabajo. *¿Interesante cierto?*

La Segunda Herramienta: LA SUGESTIÓN

Acabamos de ver que **cuando el hipnotizador FASCINA al sujeto por medio de la combinación de percepciones visuales, auditivas, kinestésicas** y **sensoriales, también utiliza LA SUGESTIÓN** *"{(Orden Encubierta)}"* **junto a todo su LENGUAJE** tanto **verbal** como **no verbal** (*POSTURA CORPORAL "mirada, gestos y ademanes", "Simetría" – "Orientación" – "Inclinación" – "Ladeo"* y *"Micro-Expresiones Faciales"*) para poder **generar una orden subliminal** y **subjetiva** que nos permita **acceder** a la **MENTE SUBCONSCIENTE** y al **inconsciente** de la persona. *En otras palabras, mi aprendiz,* **LA SUGESTIÓN**, *son "órdenes encubiertas" generadas a través del* **LENGUAJE** *verbal y no verbal de una forma sutil, que distrae el* **factor crítico de la mente** *y nos permite incrustar las* **órdenes** *al* **subconsciente** *para que este las acepte más fácilmente.*

¿Qué función desempeña el LENGUAJE (verbal y no verbal) en el proceso de LA SUGESTIÓN *"creación de órdenes encubiertas"* **en la profundización de las órdenes en el inconsciente?** *Cuando el **HIPNOTIZADOR** habla y se **expresa**, procura generar **RAPPORT** y emplear **estructuras lingüísticas y corporales** lo más simétricamente posible a las estructuras mentales y psicológicas del sujeto, permitiendo así, **acompasar** y crear una **ilusión** de **espejeo** con la finalidad de establecer una mejor **empatía** con las personas con quienes estamos trabajando, facilitando así facilitar la introducción de **LA SUGESTIÓN** "creación de órdenes encubiertas" en el **proceso hipnótico**. De esta forma, tanto las **palabras, frases, oraciones, mirada, gestos** y **ademanes** encontrarán menos resistencia y serán más rápidamente asimiladas por el **inconsciente** y la **mente subconsciente** sujeto.*

EN RESUMEN: *La **sugestión**, son "órdenes incrustadas" o "órdenes encubiertas" generadas a través de la **fascinación** en conjunto con el **lenguaje verbal** y **no verbal** de una forma sutil, para que el **inconsciente** y la **mente subconsciente** de la persona acepta las **sugestiones** (órdenes) más fácilmente.*

EJERCICIOS

1.- Nombra las dos (2) herramientas o recursos de un buen hipnotizador. Y ¿Explique brevemente en que consiste cada una de ella, explíquelo con sus propias palabras (sea breve) y de algunos ejemplos?
R) =

2.- ¿Qué ES LO MÁS IMPORTANTE QUE HAS APRENDIDO EN ESTA LECCIÓN?
R) =

Bueno **APRENDICES**, ¡Hemos **Finalizado con el Tercer Capítulo**! Nuevamente muchísima suerte con los ejercicios. Recuerda que si tienes alguna duda para responder el cuestionario *(Las respuestas las encontraras en la siguiente página)* Ya has avanzado bastante, espero estés aprendiendo. Mucho **"Y solo es el comienzo, de este gran arte hipnótico"** *"Si tienes alguna pregunta, puedes publicarla en mi **Website"** o **"Escribirme directamente a mi Correo (E-mail)"***.

Muchas gracias "**APRENDICES**" por hacer este **curso práctico**; me alegra, poder ser tu mentor y maestro en este **gran arte magistral de la HIPNOSIS**. La prueba final de este "**Curso de Hipnosis Práctica**" será enseñarte a dominar y generar un **Trance Hipnótico Profundo** dirigido por **Hipnosis** o **AutoHipnosis**. *Donde tú aprendiz o el individuo a quien estarás guiando a través de esta **Extraordinaria Experiencia Multisensorial**; vivirá, sus más anhelados sueños y fantasías; en un **mundo ONÍRICO** en el que irá ocurriendo todo lo que tu imaginación y tu creatividad intuitiva pueda crear por medio de la **HIPNOSIS** y la **sugestión hipnótica**.*

(Ya compartiré más información con ustedes, más adelante) Te comente, algo muy personal aprendiz, Sabes a mí, me encanta hacer y enseñar **HIPNOSIS**, pero también todas estas cosas milenarias y legendarias, como lo son los *Sueños Lucidos,* los *Viajes Astrales* y las *Experiencias Extracorporales* entre otras cosas extraordinarias que se pueden lograr también a través de la **HIPNOSIS** y la **AutoHipnosis.** *(Al principio te pueden parecer algo difícil o complicado; bueno si, un poco sí jeje =),* sabemos que todo inicio es así. Pero te aseguro, que ustedes también podrán dominarlo completamente, porque pienso enseñarte cómo hacerlo) y cuando empieces a experimentarlo será muy curioso e interesante para ti, ya verás ^_^ ¡Espero tener noticia tuya pronto!...

MásterCoach.YlichTarazona@gmail.com
http://www.reingenieriamentalconpnl.com

*Si te ha gustado este **curso práctico de hipnosis**, y deseas "**contribuir**" con tu **aporte,** para **apoyarme** a seguir realizando este maravilloso trabajo, que con todo el cariño, preparado para ustedes. Puedes hacerlo a través del siguiente Link o Enlace.*

http://bit.ly/PaypalDonación
Gracias por tu Contribución

*"El ÉXITO no es un acontecimiento de un solo día, es un proceso que se repite toda la vida. Usted puede ser un ganador en su vida si se lo propone. YA QUE NACISTE Y ERES UN TRIUNFADOR desde el instante de la concepción... Recuerda: Las personas exitosas realizan actividades que les permitan ganar de vez en cuando; porque saben que tanto el triunfo, la victoria, así como la conquista son hábitos que deberían desarrollarse constantemente en su estilo de vida... Las personas exitosas; asimismo tienen presente que, perdiendo también se gana. Porque saben que cada fracaso los acerca más a su propósito y que cada derrota los fortalece y les enseña lo que deben mejorar. En fin y al cabo; tanto los triunfos como las derrotas, son tan importantes para el éxito, que cuando aprendemos de ellas nos hacemos más fuertes y merecedores de vivir ese estilo y calidad de vida extraordinaria por la que tanto nos hemos esforzamos día tras día" -. **YLICH TARAZONA.** -*

Soluciones el Ejercicios de la Lección Anterior:

RESPUESTA CORTA:

1. *La **fascinación**, es mantener al factor crítico y a la mente consciente del sujeto ocupada, para poder incrustar las **sugestiones**, y que estas seun procesadas más fácilmente por el subconsciente de la persona.*

2. *La **sugestión**, son "órdenes incrustadas" generadas a través de la fascinación en conjunto con el lenguaje verbal y no verbal de una forma sutil, para que el inconsciente y la mente subconsciente de la persona acepta las órdenes más fácilmente.*

RESPUESTA LARGA:

1) **LA FASCINACIÓN** como herramienta utilizado en la **HIPNOSIS**, es el recurso que nos permite intentar desviar el **factor crítico** de la **consciencia** del sujeto a fin de **implantar la sugestión** *(ordenes encubiertas)* directamente en la **MENTE SUBCONSCIENTE** de la persona a través de varias **TÉCNICAS DE PERCEPCIÓN** *Visuales, Auditivas, Kinestésicas* o *Sensoriales* a fin que las **sugestiones** *(ordenes encubiertas)* sean procesadas más fácilmente por el inconsciente del sujeto.

2) **LA SUGESTIÓN** son *"{(Orden Encubierta)}"* que **junto al LENGUAJE** tanto **verbal** y **no verbal** *(POSTURA CORPORAL "mirada, gestos y ademanes", "Simetría" – "Orientación" – "Inclinación" – "Ladeo" y "Micro-Expresiones Faciales")* nos permiten poder **generar ordenes subliminal** y **subjetiva** que nos faculten **acceder** a la **MENTE SUBCONSCIENTE** y al **inconsciente** de la persona. *En otras palabras, **LA SUGESTIÓN**, son "órdenes encubiertas" generadas a través del **LENGUAJE** verbal y **no verbal** de una forma sutil, que distrae el **factor crítico de la mente** y nos permite incrustar las **órdenes** al **subconsciente** para que este las acepte más fácilmente.*

¿Qué ES LO MÁS IMPORTANTE QUE HAS APRENDIDO EN ESTA LECCIÓN?
R) = "Respuesta Libre" Cada participante puede disponer de esta preguntar para responder según lo que haya aprendido y lo que le gustaría compartir con el FACILITADOR.

---

*Si te ha gustado este **curso práctico de hipnosis**, y deseas "**contribuir**" con tu **aporte**, para **apoyarme** a seguir realizando este maravilloso trabajo, que con todo el cariño, preparado para ustedes. Puedes hacerlo a través del siguiente Link o Enlace.*

http://bit.ly/PaypalDonación
Gracias por tu Contribución

CUARTO CAPÍTULO: TÉCNICAS DE HIPNOSIS "LAS HERRAMIENTAS DEL HIPNOTIZADOR" Según las Enseñanzas de ERIC BARONE y JACQUES MANDORLA

Hola que tal **APRENDICES**; un gran saludo para tod@s. ¡Bienvenidos a la cuarta parte de este **curso de hipnosis práctica**! En este capítulo aprenderemos a crear nuestras propias técnicas de hipnosis. Voy a optar por la clasificación y explicación que nos dan **Eric Barone** y **Jacques Mandorla** en su libro **ABC de la Hipnosis (Desarrolle su Potencial Mental**) de Ediciones Tikal. *Todas estas enseñanzas que voy a compartir con ustedes a continuación, son adaptadas del libro. Pues; porque me parecieron excelente y muy interesante trabajo. Así que todo lo que aparezca en los apartados de "Las Ocho Grandes Familias De La Hipnosis" es una adaptación que diseñe para crear esta parte, del libro de "{[Eric Barone y Jacques Mandorla en su obra ABC de la Hipnosis (Desarrolle su Potencial Mental) de Ediciones Tikal]}".*

Las Ocho Grandes Familias de la Hipnosis

La Familia SENSORIAL

Esta familia *agrupa todas las técnicas que utilizan procedimientos sensoriales,* tales como *(técnica de **fijación de los ojos** propuestas principalmente por **James Braid**).* Se considerarán parte de estas técnicas los espirales que giran los muy conocidos *("**discos hipnóticos**")* los *("**péndulos**")*, las *("**luces** o **lámparas estroboscópicas**")*, las *("**franjas de color**")* entre otras.

Aprendiz; en esta técnica de la **FAMILIA SENSORIAL**, se deberá tener en cuenta las *percepciones auditivas "MÚSICA" (fondo o preludio musical), "Tono de Voz" (ritmo, estilo y compás)* así como todas las *señales sonoras regulares o irregulares.* De igual forma; también deben usarse todas las *percepciones táctiles (Contacto físico Kinestésico), "Lenguaje no verbal" (postura corporal, mirada, gestos, ademanes, micro-expresiones faciales)* entre otros. Porque todos estos procedimientos, que a nuestros ojos parecen técnicas diferentes, obedecen en realidad a la siguiente estrategia de la **FAMILIA SENSORIAL**: *(Veamos cómo funcionan estos métodos de forma sinérgica, holísticas y global)...*

1. Crear una situación de la cual conocemos las consecuencias psicológicas.

2. Sincronizar por medio de la sugestión.

3. Desviar la sugestión hacia un objetivo determinado.

Tomemos un ejemplo de esta estrategia:

Estrategia "Fraseología"

Crear una situación de la que se conocen las consecuencias psicológicas.	*"Ahora sitúo un punto frente a sus ojos y usted va a seguirlo en todos sus movimientos; ese punto bascula de izquierda a derecha, de derecha a izquierda, siga ese punto permanentemente..."*
Sincronizar por medio de la sugestión.	*"A medida que sigue ese punto bascula, usted siente que sus ojos se cansan cada vez más, sus párpados se vuelven pesados, cada vez más y más pesados y cansados. Se cierran progresivamente, se hacen tan pesados que ya no puede mantener los ojos abiertos, pesados y cansados. Siente ganas de dormir; cada vez más y más pesados y cansados, cada vez más y más sientes ganas de dormir..."*
Desviar la sugestión hacia el objetivo marcado.	*"Sus párpados se cierran cada vez más, y cuanto más se cierran más profundiza usted en el sueño. Su cuerpo cae cada vez más y más en un sueño profundo..."*

Vamos a explicarlo un poco:

1. CREAR UNA SITUACIÓN DE LA CUAL SE CONOCEN LAS CONSECUENCIAS PSICOLÓGICAS.

*Cuando colocamos un punto frente a los ojos de un sujeto y hacemos que se balancee, sabemos que aparecerá cierto cansancio. **Si lo que se sitúa ante el sujeto son franjas de colores, sabemos que los colores tenderán a mezclarse** (efecto óptico). **Si se coloca una espiral inmóvil, sabemos que el sujeto va a tener pronto la impresión de que la espiral va a girar.** ¿Ya comprendes la Idea?*

TRUCO: Como ves, intentamos crear una situación de la cual conocemos sus consecuencias, para luego atribuir estas consecuencias a que tiene ganas de dormir. *(En realidad no hay relación, pero hay que hacerle creer que sí la hay)*

POR EJEMPLO: En la prueba de la caída hacia atrás, sabemos que cuando alguien está con los pies juntos tarde o temprano va a tambalearse. Si le decimos que primero va a tambalearse, y se tambalea; cuando le decimos que va a comenzar a caerse hacia atrás, ¡se caerá hacia atrás! ¿**Ves que fácil es**?...

2. SINCRONIZAR POR MEDIO DE LA SUGESTIÓN.

La **sugestión** del **HIPNOTIZADOR** puede hacer creer al individuo que él *(hipnotista)* mismo ha producido el efecto.

Se trata, por tanto, de reclamar ese **fenómeno hipnótico** a nuestro favor; que, de todos modos, se habría producido. La **sugestión** del **HIPNOTIZADOR** es la que persuadirá al sujeto de que el fenómeno hipnótico se debe a él *(hipnotista)*. En ese momento, el **inconsciente** del sujeto otorgará al **HIPNOTIZADOR** un poder que no posee realmente; solo pareció que así fuera. Eso no permite decir que el **hipnotizador** solo tiene el poder que el individuo le otorga y desea concederle.

3. DESVIAR LA SUGESTIÓN.

Si se ha logrado que el individuo acepte un hecho que, de todos modos, se habría producido de forma espontánea o natural *(sincronizar por medio de la sugestión)*, ese individuo está preparado para aceptar una leve **desviación** gracias a ese poder que nos ha otorgado inconscientemente. *Si, al sentir cansancio, usted ha aceptado cerrar los ojos, convencido de que soy el autor de su cansancio, con mucha más razón aceptará, relajarse y dormir profundamente.*

La habilidad del hipnotizador consistirá en progresar con suavidad hacia estados cada vez más cercanos, y no pasar bruscamente a cosas demasiado alejadas. *Resulta normal pedirle a una persona que duerma después de haber cerrado los ojos y haberse relajado; lo anormal sería pedirle que contrajera todo su cuerpo después de haber cerrado los ojos. ¿**Ya comprendes la idea verdad**?*

Por tanto, la **HIPNOSIS** *(proceso hipnótico)* progresará mediante fases muy escalonadas. Se han inventado cientos de técnicas o de presuntas técnicas, pero cuando vemos a un hipnotizador sobre un escenario con los ojos totalmente abiertos, mirando fijamente a alguien, está utilizando principalmente esta técnica. En esta **FAMILIA SENSORIAL**; se agrupa miles de procedimientos, y usted mi apreciado aprendiz, deberá aprender de memoria todas estas estrategias.

ES DECIR:
1. Crear una situación de la cual conocemos las consecuencias psicológicas.
2. Sincronizar por medio de la sugestión.
3. Desviar la sugestión hacia un objetivo determinado.

Inventa Tus Propias Técnicas:

Sustituye el punto luminoso por un objeto, la visión por el sonido, etc.

Apenas hayas logrado dominar una estrategia, podrás crear por tu cuenta nuevas técnicas, y eso mi apreciado aprendiz, es lo que quiero que aprendas a desarrollar.

Bajo ninguna circunstancia debes dejar un detalle al azar; en todo momento debes saber dónde te encuentras si quieres saber hacia dónde ir. (Debes saber en qué estrategia te encuentras y cuando debes pasar a la siguiente.) Todo es cuestión de experiencia.

> ***De la misma manera que un conductor se hace responsable de su vehículo a partir del instante en que lo pone en marcha, tú aprendiz, te haces responsable de la conducción de la hipnosis desde el momento en que la inicia.***
>
> *No debes traicionar la confianza que un individuo ha depositado en ti cuando se somete a una sesión de hipnosis. Es tu responsabilidad, hacer correctamente lo que tienes que hacer, de la manera y en la forma apropiada.*

EJERCICIO:

1.- Tienes que crear e innovar una técnica de esta **familia (SENSORIAL)**. *Ten en cuenta las muchas sugerencias que te he proporcionado en este capítulo. (No hay respuesta para este ejercicio) todo te lo dejo a tu imaginación, creatividad e intuición. SE QUE PUEDES HACERLO, Yo creo en ti mi aprendiz.*

("Instrucciones Previas Antes de Realizar el Ejercicio")

Para realizar este ejercicio; te propongo hacer la **técnica de inducción** o "**Prueba de Sugestionabilidad**" conocida como la **Prueba De La Caída Hacia Atrás**, que es una de las técnicas más eficaces y efectivas para comenzar a producir fenómenos hipnóticos con un 90% de probabilidades de éxito... *Ya te dejare la PRUEBA DE LA CAÍDA HACIA ATRÁS por escrito más adelante.*

Antes que nada, invita a una persona de confianza, alguien en quien tú confíes, y a la vez que esa persona también confíe en ti. Para realizar tu primera inducción.

PRIMERO: Tienes que aclararle, que es solo una experimento, que en ningún momento entrará bajo hipnosis. *Y como en ningún momento se dormirá, no correrá riesgo alguno de hacerse daño al caerse hacia atrás, puesto que el reaccionará conscientemente para no caerse. Hazle saber que tu estarás hay para apoyarlo en todo momento, que tu estarás hay alerta, listo y atento para sostenerlo debidamente.*

Dile que se coloque con los pies juntos, que se relaje, que deje todos sus músculos relajados, que se concentre en su respiración. *Sitúate detrás del sujeto, pon tus manos a 2 o 3 centímetros de él, y comienza con la sugestión hipnótica.*

> ***IMPORTANTE***: *Aunque le hayas dicho a la persona que si siente que se va a caer, que se mantenga tranquilo y relajado, porque tu estarás hay, alerta y cuidándole en todo momento y a cada paso del procedimiento. Recuerda tener cuidado por si lo/la tienes que coger para que no se caiga. Por eso a mí me gusta más explicárselo bien claro, que si ve que se cae hacia atrás, que reaccione, que abra los ojos, y que ponga un pié atrás y ya está ¿**viste que sencillo es**? Así que aprendiz, está en ti lograr este tu primer desafío... Tranquilo yo estaré aquí contigo, siempre en cada paso. Solo sigue mis instrucciones y recomendaciones. Y ya verás como todo va a salir muy bien...*

> *Si ves que tus sugestiones e inducciones hipnóticas no dan resultado, prueba a cambiar el tono de la voz y tu postura corporal, como vimos en el capítulo anterior. Y sobre todo, aprovecha cada pequeño movimiento que la persona haga, para hacerle creer que a partir de ese movimiento que ya se ha producido va a sentir que se cae hacia atrás.* **Y LISTO**... *Ya está* **APRENDIZ**, *ya comenzaste tus primeros pasos en tu camino a convertirte en el* **HIPNOTIZADOR** *que sé que puedes y vas a llegar a* **SER**.

A continuación, te dejo la técnica de la **CAÍDA HACIA ATRÁS**. Donde te explico paso a paso, como debes hacerla, y que recomendaciones tienes que tomar para que la técnica salga correctamente, así que puedes estas tranquilo y relajarte ^_^.

Prueba de Sugestionabilidad "PRUEBA DE LA CAÍDA HACIA ATRÁS" Ejemplo y Explicación

(Lo siguiente es una PRUEBA DE SUGESTIONABILIDAD que se hace al sujeto a hipnotizar, para comprobar su grado de hiper-sugestionabilidad, y respuesta antes las sugestiones e inducciones hipnóticas... Esta prueba; está sin terminar, así que ya sabes aprendiz lo que tienes que hacer, usa tu intuición, tu imaginación y tu creatividad; y termínala, con tus propias palabras...)

Pero antes de continuar te enseñare una **poderosa herramienta de magnetismo**, *llamada* **MOPPAO** *que es útil en la prueba de la caída hacia atrás.*

Herramienta de Magnetismo: MOPPAO

Que se refiere al **magnetismo**, desarrollado y popularizado por **Franz Anton Mesmer** de la teoría del *"MAGNETISMO ANIMAL"* *posteriormente llamado* **MESMERISMO** *que está relacionado a los* **campos magnéticos** *o* **campo energético**.

Lo interesante de esta **Herramienta de Magnetismo: MOPPAO** es que *cuando un hipnotizador coloca sus manos a unos cuatro (4) a cinco (5) centímetros de determinados puntos vitales del individuo, puede producir somnolencia y una sensación de transferencia de magnetismo* desde el hipnotizador hasta el hipnotizado. Los **Campos Magnéticos**, **Campo Energético** o **Puntos Vitales** *(conocidos también como Chakras)* son grandes concentraciones de nervios y canales energéticos en todos los seres humanos.

Según la teoría de los **Chakras**, como actúan estos campos energéticos en los 4 puntos vitales más importantes en la hipnosis.

Frente: Las dos manos extendidas
Parte de la garganta: Las dos manos extendidas
Parte del corazón: La mano derecha extendida
Parte del ombligo: La mano derecha extendida

EJERCICIO: PRUEBA DE LA CAÍDA HACIA ATRÁS

*"El **hipnotizador** se coloca detrás de la persona (**Coloca al sujeto con los pies juntos, ojos cerrados y cuerpo relajado**). Una vez; de pie los dos juntos, el **HIPNOTIZADOR** pone sus dos manos sobre los hombros del sujeto a 4 o 5 centímetros sin tocar a la persona "o" coloca una de sus manos al frente de la persona a la altura del plexo solar (pecho) y la otra mano la coloca detrás del sujeto por la espalda a la misma altura de la otra a unos 4 o 5 centímetros sin tocar a la persona (**técnica MOPPAO**). Una vez colocadas las manos en la posición; sin tocarle, (**Mientras el hipnotizador se concentra en la imagen del sujeto cayendo hacia atrás, como si ya estuviera ocurriendo ene se mismo instante**) le dices:*

---

*A partir de ahora comenzaras a sentir una sensación muy extraña, sentirás como tu cuerpo poco a poco comienza a moverse suavemente hacia adelante y hacia atrás, sientes como esos pequeños movimientos van aumentando cada vez más, sentirás cómo una fuerza extraña comenzará a balancearte hacia adelante y hacia atrás. **Así es, lo estás haciendo muy bien, perfecto ya comenzaste a tambalearte**…*

(Continúalo tú, unas seis a siete líneas más).

EJERCICIO CURIOSO: Una vez que hayas completado de escribir y completar el ejercicio de la **prueba de la caída hacia atrás**, una vez terminada puedes ponerla en práctica con alguna persona en la que tengas confianza. *"El mayor freno o desafío de esta técnica, por parte del sujeto a quien se le va a sugestionar, es el temor de caerse al suelo".* (*Para arreglarlo, es muy sencillo, solo basta con explicarle a la persona que no se va a dormir, que siempre estará despierta, atenta y alerta durante todo el procedimiento hipnótico*). *"Es importante hacerle saber a la persona que cuando sienta que ya va a caer hacia atrás, que se deje llevar, que nosotros estaremos hay cuidándole que todo esté bien, que nosotros en todo momento estaremos alerta para que el ejercicio salga correctamente y para sostenerlo en todo momento".*

*Algo importante para ti aprendiz. No tienes necesariamente que aprenderte el texto de memoria o al caletre, solo es importante aprenderte los pasos fundamentales, seguir un orden, mantenerte enfocado en el objetivo y seguir los pasos, pero usando tus propias palabras. Te bastará con intenta convencer al subconsciente del sujeto que se está cayendo, y aprovechar cualquier movimiento de balanceo de su cuerpo, para indicarle que ya han comenzado los efectos, ¿**Ves que fácil es**?".* **TRUCO**: Si no da resultado a la primera, tranquilo, está bien, relájate e intenta de nuevo. Pero esta vez prueba a ir cambiando el tono, el volumen y el ritmo de la voz hasta que te encuentres con una que funcione. (*Esta prueba no entraña ningún peligro, ya que es completamente segura. La única precaución que debes tomar, es explicarle al sujeto que cuando vea que se está cayendo hacia atrás, que reaccione y ponga el pié.*)

Bueno APRENDICES, ¡Hemos **Finalizado esta primera lección del CUARTO CAPÍTULO**! Como siempre aprendiz, te deseo muchísima suerte con el ejercicio.

Recuerda que si tienes alguna duda para realizar el ejercicio correctamente, como siempre *(Sabes que puedes contar conmigo, para lo que necesites. – La Prueba Completa, La Encontraras En La Siguiente Página)* y en algunos subsiguientes capítulos más adelantes; te voy a compartir más elementos, para que los vallas **incorporando a la prueba** a medida que vallas **adquiriendo mayor experiencia**.

*Sé que este ejercicio es de un nivel superior, pero estas aquí para aprender, así que solo te invito a **tomar acción** y **hacer que las cosas sucedan**, **YO CREO EN TI**, y **sé que TÚ podrás lograrlo**.* Recuerda que "Si tienes alguna pregunta, puedes publicarla mi **Website**" o "**Escribirme directamente a mi Correo (E-mail)**".

Que bien Aprendiz, me contenta mucho que ya has avanzado bastante, espero que te esté gustando el **CURSO DE HIPNOSIS PRÁCTICA**. Y sobre todo que estés aprendiendo mucho; y que la realización de este ejercicio *(Prueba de Sugestionabilidad)* de la **Caída Hacia Atrás** de la **Familia Sensorial**, lleve "**Tus Conocimientos y Habilidades Hipnóticas al Próximo Nivel**".

Bueno, espero leer tus mensajes desde la sección "**Comentarios**" de mi **Website**! Ah! APRENDIZ, también me gustaría que me comentes la experiencia que viviste al realizar la **prueba de sugestionabilidad** de la **caída hacia atrás**. Hasta luego - ¡Espero tener muy pronto noticia tuya!... ^_^

MásterCoach.YlichTarazona@gmail.com
http://www.reingenieriamentalconpnl.com

---

*Si te ha gustado este **curso práctico de hipnosis**, y deseas "**contribuir**" con tu **aporte**, para **apoyarme** a seguir realizando este maravilloso trabajo, que con todo el cariño, preparado para ustedes. Puedes hacerlo a través del siguiente Link o Enlace.*

---

http://bit.ly/PaypalDonación
Gracias por tu Contribución

*¿**QUE DISTINGUE A LOS GANADORES DE LOS PERDEDORES**? "Que los **GANADORES** se concentran en todo momento en lo que ellos saben que pueden hacer bien, sus talentos, fortalezas, competencias, habilidades y destrezas. Aunque reconocen que tienen debilidades; nunca se enfocan en ellas, sino trabajan sobre ellas... Mientras que los **perdedores** se dispersan pensando en todo momento en aquellas cosas que no quieren hacer mal; enfocándose en sus debilidades, limitaciones y falta de talento, aunque saben que tienen fortalezas, parece que jamás se percatan de ellas... Si eres bueno persuadiendo, influyendo o hipnotizando, entonces enfócate en esas potencialidades, y tus debilidades se harán fuertes a medida que trabajas en ellas poco a poco, sin dejar a un lado aquellas cosas en la que sabes que eres realmente bueno... Aquí radica la gran diferencia que marca la diferencia entre los **GANADORES** y perdedores, la forma de actuar antes las adversidades" - **YLICH TARAZONA** -*

Como lo prometido es deuda, aquí tienes aprendiz todo lo que debes saber para realizar eficazmente la PRUEBA DE LA CAÍDA HACIA ATRÁS de forma correcta

Prueba De Sugestionabilidad "PRUEBA DE LA CAÍDA HACIA ATRÁS" Aplicación Completa de la Herramienta:

*"El **hipnotizador** se coloca detrás de la persona (**Coloca al sujeto con los pies juntos, ojos cerrados y cuerpo relajado**). Una vez; de pie los dos juntos, el **HIPNOTIZADOR** pone sus dos manos sobre los hombros del sujeto a 4 o 5 centímetros sin tocar a la persona "o" coloca una de sus manos al frente de la persona a la altura del plexo solar (pecho) y la otra mano la coloca detrás del sujeto por la espalda a la misma altura de la otra a unos 4 o 5 centímetros sin tocar a la persona (**técnica MOPPAO**). Una vez colocadas las manos en la posición; sin tocarle, (**Mientras el hipnotizador se concentra en la imagen del sujeto cayendo hacia atrás, como si ya estuviera ocurriendo ene se mismo instante**) le dices:*

*A partir de este momento quiero que te concentres en todo tu cuerpo, exactamente ahora mismo comenzaras a sentir una sensación muy extraña, Dentro de poco, notarás que tu cuerpo se balancea y sentirás como tu cuerpo poco a poco comienza a moverse suavemente hacia adelante y hacia atrás, sientes como esos pequeños movimientos van aumentando cada vez más y más, sentirás como una fuerza extraña comenzará a balancearte suavemente hacia adelante y hacia atrás. Y quiero que cuando comiences a sentir esa sensación de vaivén, te concentres en la experiencia que está viviendo y experimentando tu cuerpo y sientas como esa fuerza extraña comienza a mover y balancear tu cuerpo". **Así es, lo estás haciendo muy bien, perfecto ya comenzaste a tambalearte.** A partir de AHORA, comenzaras a notar como tu cuerpo se siente fuertemente cada vez más y más empujado y atraído hacia atrás, la sensación es tan pero tan real, que ya no puedes resistirte; y decides ceder, decides dejarte llevar por esa sensación **así es, correcto lo estás haciendo muy bien...,** "**¿Ves, sentiste eso?** Tu cuerpo se ha movido... A partir de ahora, esa fuerza extraña toma el control de tu cuerpo, y comienza suavemente a tambalearte más y más y empujarte hacia adelante y hacia atrás. No puedes aguantar más tiempo de píe. Esa extraña sensación de bienestar es más fuerte que tú. Los movimientos son cada vez más y más intensos, y tú los puedes notar ¿**cierto**? **Lo estás haciendo muy bien, Correcto.** Ahora siente como esos pequeños movimientos van incrementándose más y más, no puedes pararlos, es imposible mantenerse quieto, ya no puedes mantenerte más tiempo de pie, sientes como una fuerza magnética empuja tu cuerpo hacia atrás cada vez con más y más fuerza, sientes que tu cuerpo se cae hacia atrás... te dejas caer, te dejas caer... **Muy bien, así es, excelente** déjate llevar por esa fuerza que te lleva a balancearte y caerte hacia atrás... te caes, te caes...*

(Continua así hasta que se caiga. El tiempo normal para que una persona se caiga son de 2, 3 y 5 minutos) (¡Aviso!... ¡También hay personas que se caen a los 10 y 30 segundos! Así que en todo momento tienes que estar alerta, listo y preparado para sostenerlo a tiempo y prevenir que se vaya a caer.)

Esta **prueba de sugestionabilidad** funciona siempre el **90%** de las veces, con grandes **probabilidades de éxito**, si es que estamos atento, y prestamos atención a cualquier movimiento que hace la persona, y le haces creer, sentir y experimentar en la mente del sujeto que ese movimiento ha sido infundido por esa fuerza extraña.

Ya que te he puesto el texto completo de la *PRUEBA DE SUGESTIONABILIDAD* de la **CAÍDA HACIA ATRÁS**, estúdiatelo, practícalo, repítelo en tu mente varias veces, trata de aprenderte el orden y los pasos fundamentales. Una vez que ya lo hayas logrado. Listo, olvídate de ella, es solo una guía, para ayudarte a comenzar. *Es mejor que aprendas los pasos fundamentales, el orden y las ideas básicas y luego te hagas una idea de lo que tienes que decir en tus propias palabras, en vez de tratar de aprenderte el texto de memoria.* Tienes que ser tú mismo capaz de inventarte una casi igual o parecida, a la que yo solo te he propuesto, luego tú con tu imaginación, creatividad e intuición a adaptas a tu propio estilo y listo aprendiz, ya habrás dominado la primera *PRUEBE DE SUGESTIONABILIDAD* de este curso práctico.

Mi apreciado aprendiz, en el **SÉPTIMO CAPÍTULO**, volveré a compartirte más elementos, consejos y recursos para que las vallas incorporando a **La Prueba De La Caída Hacia Atrás** a medida que vallas adquiriendo más y mayor experiencia ^_^

Bueno aprendiz, recuerda que espero **leer tus mensajes** desde la sección "**Comentarios**" de mi **Website** o directamente desde mi **E-mail**. Ah! **APRENDIZ**, una cosa más, también quiero que me comentes como te fue en la experiencia que viviste al realizar la **prueba de sugestionabilidad** de la **caída hacia atrás**. Hasta Pronto por ahora - ¡Espero tener noticia tuya mi grandes amigos(as)!... ^_^

MásterCoach.YlichTarazona@gmail.com
http://www.reingenieriamentalconpnl.com

---

*Si te ha gustado este **curso práctico de hipnosis**, y deseas "**contribuir**" con tu **aporte**, para **apoyarme** a seguir realizando este maravilloso trabajo, que con todo el cariño, preparado para ustedes. Puedes hacerlo a través del siguiente Link o Enlace.*

http://bit.ly/PaypalDonación
Gracias por tu Contribución

*"Los **SUEÑOS** son como una fuente de energía. Es aquello que nos motiva y nos impulsa a ir más allá de nuestras limitaciones. Es el deseo ardiente, por lograr conquistar aquello que tanto anhelamos. Es algo tan poderoso y tan grande que cuando forma parte de nosotros mismos nos inspira a tomar acción. Es aquello que hace; que sigamos hacia adelante, cuando nuestra mente nos dice no podemos más. Es aquello que nos hace recorrer el kilómetro extra. Es; al fin y al cabo, la razón de nuestro existir"*
-. ***YLICH TARAZONA***. –

DOS NUEVOS TIPOS DE TÉCNICAS DE HIPNOSIS

Hola que tal aprendiz; un gran saludo para todos, en esta nueva lección continuaremos aprendiendo dos nuevos tipos más de técnicas de hipnosis de *"Las Ocho Grandes Familias de la Hipnosis"* técnicas que estamos estudiando del libro de *"{[Eric Barone y Jacques Mandorla en su obra **ABC de la Hipnosis (Desarrolle su Potencial Mental)** de Ediciones Tikal]}"*. El desarrollo de esta lección; va a ser similar a la del apartado anterior. Veremos la descripción de la técnica, compartiremos algunos ejemplos y referencias para comprender la idea principal. Y luego al finalizar en la sección de **EJERCICIOS**, tendrás como tarea, crear, innovar y diseñar una nueva técnica de hipnosis para cada familia que veamos. Antes de empezar, quiero agradecerte todo el interés que estás poniendo en este curso de hipnosis práctica. XD lo estás haciendo súper; así que felicitaciones aprendiz, y continuemos con tus lecciones. Así que sin más preámbulos comencemos.

2. La Familia FISIOLÓGICA

Para ésta segunda familia en particular, hay que tener un especial cuidado. Es la única que no se debe utilizar antes de primero dominarla correctamente. Para el desarrollo de esta familia, primero se recomienda conocer apropiadamente sus eventuales contraindicaciones **POR EJEMPLO**: *(La **fraseología** de ejemplo no la podríamos usar con una persona que padezca de problemas cardiacos, problemas del corazón o problemas de hipertensión arterial. **"...Poco a poco, notas como el corazón disminuye su ritmo cardiaco..."**)* La **estrategia** típica de esta familia es la siguiente:

Estrategia Fraseología

Provocar una acción fisiológica a partir de la cual se produce un momento de separación.	*Pongo ahora mis pulgares sobre tus párpados cerrados, los apoyo suavemente, sin hacerte ningún daño, y voy a darte un masaje delicado en los ojos. Poco a poco, notaras como el corazón disminuye su ritmo cardiaco y usted caerá en un maravilloso estado de paz, tranquilidad y relajación...*
Utilizar la supuesta separación para introducir una sugestión de profundidad.	*Y ahora, te deslizas lejos, duerme cada vez más y más profundamente, te deslizas más profundamente en un sueño hipnótico...*

Vamos a analizar esta estrategia:

Aunque creamos que nos controlamos perfectamente en nuestra vida cotidiana, es muy normal que una sorpresa, un accidente, algo inhabitual, provoquen una especie de interrupción del control, que la consciencia ejerce sobre nuestro cuerpo.

POR EJEMPLO: *Una sorpresa violenta, un accidente brutal, un ruido muy fuerte, puede provocar una emoción, que puede ir acompañada por una aceleración cardíaca, una repentina transpiración y hasta un sobresalto. **"Este instante puede llamarse separación".** (Se trata de una **suspensión** muy breve del control de nuestro cuerpo por parte de nuestra **consciencia**). El HIPNOTIZADOR, al conocer esta acción y utilizarla a su favor, provocará voluntariamente ciertas separaciones. Pero, al tener muy poco control sobre el sujeto, deberá presuponer algunos de esos momentos, o convenir con él de antemano, una señal que permita detectarlos mejor.*

Para continuar con el ejemplo anterior: Si efectuamos un ligero masaje de los globos oculares; de unos tres (3) minutos de duración, un simple reflejo fisiológico hará disminuir el ritmo cardíaco del sujeto. *La sugestión se orientará en el sentido de una sincronización: "[Sugerir al individuo un fenómeno que sabemos que sucede en general a los tres minutos (disminución del ritmo cardiaco), e introducir una sugestión (duerme profundamente) para asociarla a la separación]". La separación (disminución del ritmo cardiaco) será entonces una especie de brecha directamente abierta hacia el inconsciente de la persona. La sugestión que se introduzca (duerme profundamente) entonces se acercará al inconsciente mucho más rápidamente y "se creara el fenómeno hipnótico inducido".*

RECOMENDACIÓN: *Esta técnica se desaconseja absolutamente a todas aquellas personas que usan lentillas (lentes – anteojos) o que padecen de trastornos cardíacos.*

EJEMPLOS:

Coloque uno de los dedo sobre el centro de la frente del sujeto; "donde se ubica **(El Tercer Ojo)**". Hágale imaginar al sujeto que su frente es transparente; traslucida. Y que puede seguir y enfocarse en el dedo que está en el centro de su frente; y haga una leve presión con el dedo hacia la frente y retírelo varias veces, indicándole a la persona que se centre en mirar el dedo que se acerca y se aleja del centro de su frente.

Y a partir de cierto número de intento, el 3 por ejemplo. La **separación** se producirá probablemente cuando la **revulsión ocular** sea máxima.

Esta técnica no entraña peligro alguno, ni presenta ninguna contraindicación. En ocasiones, lo que produce en algunos sujetos, es provocar un reflejo de sueño.

En ciertas **Fases del Sueño REM** nuestros ojos están en blanco; mirando hacia al frente el centro de la mente. El hecho de recrear este estado natural, de forma artificial, puede provocar un fenómeno de feedback (**Recuerdo**) del sueño.

Otra técnica que se puede emplear es la **hiperventilación**, que no es más arriesgada que la de inflar una colchoneta de goma soplando *(Inflar un colchón inflable).* Se trata de que el individuo *"**Inhale (aspire) y Exhale (espire)** que **Inhale*** *(aspire)* y **Exhale** *(espire)* *cada vez más rápida, acelerada y profundamente.* El aumento de la cantidad de oxígeno en la sangre, provocará un ligero vértigo. Se puede convenir con la persona una determinada señal que nos indique en qué momento empieza a sentirlo. Este *(vértigo)*, es una **separación** característica; la **sugestión** de *(sueño)* que se introduce durante el período en que el sujeto lo experimenta. Y listo, al hacer la técnica correctamente la sugestión habrá dado resultado, y el sujeto sentirá la sensación *(sugestión del sueño)* y la asociara inconscientemente a nuestros. Es decir al **acto hipnótico** que estamos realizando.

RECOMENDACIÓN: *No conviene practicar esta técnica de* **HIPERVENTILACIÓN** *con personas con tendencias tetánicas o espasmofilias (síndrome que reagrupa varios síntomas relacionados con el estado de ansiedad. A veces se expresa con crisis impresionantes) o que sufran perturbaciones o afecciones respiratorias.*

Para poder explotar al máximo los procesos hipnóticos *(sacarle mayor partido a la hipnosis)*, necesitaremos siempre el **consentimiento inconsciente** del sujeto. El hecho de que una persona nos manifieste su acuerdo voluntario consciente y acepte ser hipnotizado por nosotros, *no significa necesariamente que su inconsciente esté de acuerdo. Si bien el* **estado hipnótico** *depende de su competencia consiente, el aprovechamiento máximo de la hipnosis, sólo podrá realizarse a partir de un acuerdo profundo con el inconsciente y la mente subconsciente del sujeto.*

3. La Familia PSICOIMAGINARIA

Esta tercera familia es la menos riesgosa que la anterior, pero exige una mayor **competencia verbal** *(capacidad de oratoria)* por parte del hipnotizador.

En lo que respecta a esta tercera familia, el hipnotizador debe transferir una relajación progresiva del cuerpo y de la mente del sujeto, tendiendo una disminución progresiva de la consciencia. **Como por ejemplo**: con la "**Técnica De La Barca**" o cualquier **otra técnica que produzca sensación de movilidad**. *En el caso de la* **técnica** *o* **concepto de una barca***; esta va en movimiento en el océano, y podemos alegóricamente compararla con muestra mente que navega hacia lo profundo del mar (que significaría navegar o sumergirse en lo más profundo de sus mentes).* Esta técnica también puede ser utilizada con cualquier otra acción que represente movimiento o movilidad. *Como podría ser* **Bajar Las Escaleras***, y que a medida que baja cada escalón, más y más profundamente entra en trance hipnótico. Otro ejemplo podría ser,* **Descender En Ascensor***. Y a medida que el ascensor va bajando cada piso o nivel, así su mente va descendiendo más y más profundamente en un sueño profundo.* **¿Ya comprendiste la idea verdad?** Eso es aprendiz. Felicitaciones, ahora teniendo estos conceptos en mente, continuemos aprendiendo más sobre esta familia en particular para aclarar más sobre el tema.

*El hecho de presentar un concepto móvil en (***constante movimiento** *– que tenga* **movilidad***) en* **LA FAMILIA PSICOIMAGINARIA** *tiene la ventaja de crear una* *sensación progresividad en el sujeto, en su propia relajación, tanto mental como física.* Eso nos permite aprovechar esa sensación progresiva de relajación profunda para ayudarle a la persona experimentar ese **fenómeno hipnótico** deseado.

EXPLICACIÓN: La disminución de la consciencia está simbolizada alegórica y metafóricamente **POR EJEMPLO**: La entrada de la **BARCA** en la montaña o en lo profundo del océano al atardecer. La disminución de luminosidad equivale a la desaparición progresiva de la consciencia y la vigilancia del sujeto. En el caso de la **ESCALERA**, el acto de bajar cada escalón de la misma representa, una bajada o descenso en nuestra conciencia al estado hipnótico deseado. Lo mismo sucede con el **ASCENSOR**, la imagen del ascensor descender hacia abajo por cada piso o nivel, representa la capacidad del sujeto de ascender o bajar más en el trance hipnótico. *EN LOS TRES CASOS; EL PROPÓSITO ES CREAR UNA SENSACIÓN DE RELAJACIÓN PROGRESIVA, QUE PERMITA AL SUJETO ENTRAR EN HIPNOSIS, es decir, en el estado de sueño profundo que metafóricamente entran las personas en hipnosis*

Estas imágenes son muy rica en información. Lo que mejor indicará el éxito de estas **técnicas de sugestión**, será tanto la *capacidad visual e imaginativa del sujeto*, que debe ser extremadamente creativa; así como la capacidad expresiva de evocación verbal y capacidad intuitiva, imaginativa y creativa del **HIPNOTIZADOR**, para estimular sensaciones multisensoriales en el sujeto, y la movilización de pensamientos, emociones, recuerdos e imaginación creativa del **hipnotizado**.

Como ven, es la **misma técnica** de **LA FAMILIA PSICOIMAGINARIA** solo que el **BARCO** que navega por el océano, se puede sustituir por un **ASCENSOR** que se desliza piso a piso, o nivel a nivel hacia abajo, o por una **ESCALERA** mecánica que desciende peldaño a peldaño y baja hasta llegar a los niveles de abajo.

IMPORTANTE: *Cuando el hipnotizador a través del **CALIBRAJE**, (técnica de observación) tenga la impresión de que el sujeto alcanza una pérdida de consciencia, deberá introducir de inmediato una sugestión de profundización, que lleven ha al sujeto a prolongar y profundizar el estado deseado.*

Estrategia Fraseología

Crear una situación imaginaria cuyo desarrollo natural sea simétrico y similar respecto a los estados fisiológicos por los que deberá pasar el sujeto en cuestión.	*Imagine su cuerpo tumbado en una barca, perfectamente relajado. Esa barca flota suavemente y se desliza lentamente, cada vez más y más suave y tranquilamente. A medida que esa barca se desliza y navega por el inmenso océano, su cuerpo se relaja progresivamente más y más en ese estado de sueño profundo...*
Convenir un signo o una señal que permita detectar la separación (en este caso, la relajación de los músculos de las piernas. Pero el	*Te deslizas tranquilamente. El río discurre cerca de una montaña. Se acerca cada vez más y más. Tu cuerpo se relaja cada vez más y más profundamente. Sientes profunda, paz,*

signo también podría ser bajar el dedo índice, que había quedado suspendido, apenas uno deja de ver y de pensar, es decir, a partir de la entrada en la gruta.)	*tranquilidad relajación, calma y serenidad. Al pie de la montaña, el río entra en una gruta.* *A medida que su barca se acerca a la gruta, usted se desliza cada vez más y más hacia un estado de tranquilidad y paz interior. La barca se acerca cada vez más y más a la gruta. Esta gruta es oscura, pero tranquila, serena y segura. La barca entra poco a poco en la gruta. La luz disminuye paulatinamente cada vez más. Tu cuerpo se relaja cada vez más y más también, te eclipsa cada vez más y más en esta sensación, perfectamente descansado, en calma, relajado en paz y tranquilo, con una sensación se sueño...*
Profundizar en el estado creado.	*¡Usted está dormido! DUÉRMETE AHORA*

Bueno APRENDIZ, por ahora nos queda sólo una familia más por enseñar y dar en este curso de hipnosis práctica. (En realidad existen muchas más familias; pero son técnicas muy complicadas. Yo poco uso esas familias; pero sé, que con las que les he enseñado hasta ahora, en particular a mí, me ha ido muy bien) Enseñando estas cuatro familias hasta aquí, creo que simplifico el curso bastante bien, haciéndolo más corto, fácil y práctico para ustedes que están iniciando en este maravilloso arte de la **HIPNOSIS**. *Pero les prometo que al final del* **CUARTO CAPITULO, cuando ya hayamos estudiados todas las cuatro familias,** les **enseñare una (1) variación** *de las* **técnicas de hipnosis** *de la* **FAMILIA PSICOCONFLICTIVA** *que estudiaremos más adelante, en la siguiente lección. Esta* **variación** *les permitirá realizar "***Técnicas Avanzadas De Hipnosis Rápida***" a cualquier persona. ¿***Interesante verdad***? Bueno ese será mi regalo para ti ¿***Qué te parece***? Bien, entonces continuemos.*

EJERCICIOS:

Crear, escribir y diseñar la fraseología de una técnica de hipnosis que pertenezca a cada una de las dos familias que hemos estudiado en esta lección. Es decir, una técnica de la **familia fisiológica** y otra de la **familia psicoimaginaria**. *(A ver como esta nuestra creatividad...)* **(XD Aprendiz, No hay solución para este ejercicio.)**; *así que es tu momento de tomar acción, hacer que las cosas sucedan y demostrar tu ingenio, creatividad, intuición y deseo en convertirte en uno de los mejores* **HIPNOTIZADORES**. *Así que adelante,* **sé que tú puedes**, **YO CREO EN TI**, *en tu potencial y en tu capacidad para realizar estos dos ejercicios que te propongo. Así que* **APRENDIZ**, *sigamos adelante y manos a la obra.*

XD aprendiz pero todo ¡Depende de ustedes! Hasta ahora lo han hecho excelentemente bien. Y sé que seguirán mejorando, juntos **Ustedes** y **YO**, lograremos conquistar grandes cosas con la **HIPNOSIS**. *Yo estoy dando lo mejor de mí para ustedes, ahora ustedes ponga lo mejor que pueden dar y sé que llegaran lejos.*

Wuao APRENDICES, como pasa el tiempo ya ¡Hemos **llegado a la Segunda Parte de esta Lección**! Como siempre te deseo los mayores de los éxitos con los ejercicios. Estos ejercicios no tienen respuesta o soluciones, ya que la idea es activar tu creatividad e ingenio. Pero recuerda que si tienes alguna duda para responder el cuestionario *(Sabes que siempre puedes contar conmigo, para lo que necesites)* Espero estés aprendiendo mucho, y que esta dos familia más **fisiológica** y **psicoimaginaria**, lleven "**Tus talentos Hipnóticos al Próximo Nivel**"

RECUERDA que *"Si tienes alguna pregunta, no dudes en publicarla en mi Website"* o **"Escribirme directamente a mi Correo (E-mail)"**.

Nuevamente muchas gracias aprendiz; por interesarte en este curso de hipnosis práctica. Estaré encantado de responder a sus preguntas, comentarios e ideas.

BUENAS NOTICIAS APRENDIZ... Creo que en unos tres (3) a cuatro (4) capítulos más, acabamos lo esencial de este **curso de hipnosis práctica**. =)
Así que ¡Hasta el siguiente capítulo! XD ^_^

MásterCoach.YlichTarazona@gmail.com
http://www.reingenieriamentalconpnl.com

---

*Si te ha gustado este **curso práctico de hipnosis**, y deseas "**contribuir**" con tu **aporte**, para **apoyarme** a seguir realizando este maravilloso trabajo, que con todo el cariño, preparado para ustedes. Puedes hacerlo a través del siguiente Link o Enlace.*

---

http://bit.ly/PaypalDonación
Gracias por tu Contribución

EL PODER DE LA ACCIÓN, LA EJECUCIÓN Y EL ENFOQUE *"Entre mayores sean tus esfuerzos y constante dedicación a una meta preestablecida con anticipación y planeación. Mejores serán los resultados y los logros obtenidos"* -. ***YLICH TARAZONA***. –

CUARTA FAMILIA DE TÉCNICAS DE HIPNOSIS

Hola que tal aprendiz; un gran saludo para tod@s, hemos llegado al final de esta lección de las técnicas de hipnosis, HOY aprenderemos la cuarta y última de las familias de *"Las Ocho Grandes Familias de la Hipnosis"* *técnicas que estamos estudiando del libro de "{[**Eric Barone** y **Jacques Mandorla** en su obra **ABC de la Hipnosis (Desarrolle su Potencial Mental**) de Ediciones Tikal]}"*. El desarrollo de esta lección; va a ser similar los últimos apartados anteriores. Veremos la descripción de la técnica, compartiremos algunos ejemplos y referencias para comprender la idea principal. Y luego al finalizar en la sección de **EJERCICIOS**, tendrás como tarea, crear, innovar y diseñar una nueva técnica de hipnosis para esta última cuarta familia que veremos en este curso de hipnosis práctica.

Antes de empezar aprendiz, quiero agradecerles a todos el interés que han venido prestando a este maravilloso **curso de hipnosis práctica**, que con mucho cariño e compendiado y preparado para ustedes *¡He llegado a recibir hasta 80 correos diarios!* **Wuao**; *en verdad que trataré de responderles a tod@s a su debido momento mis apreciados aprendices. Por ahora; sin más dilación, comenzamos...*

4. La Familia PSICOCONFLICTIVA. "Prueba De Sugestionabilidad"

Aprendiz, esta cuarta familia de las técnicas de hipnosis, tiene un alto grado de dificultad para el hipnotizador. Ya que exige mayor fuerza, confianza y autoridad, junto a una gran fluidez verbal. Basada en el carisma, la pura fuerza de sugestión o influencia positiva del **HIPNOTIZADOR** hacia el **sujeto**. **ESTA FAMILIA PSICOCONFLICTIVA ES UTILIZADA COMO PRUEBA DE SUGESTIONABILIDAD.** *Resulta desafiante dominar este método, puesto que exige tomar decisiones rápidamente ante posibles desafíos imprevistos. Recuerden el éxito de esta familia a la hora de ponerla en práctica dependerá directa y exclusivamente de su convicción.*

Estrategia (Lo que está en negrita)
Fraseología (Lo que está en cursiva)

Crear una situación "Prueba de Sugestionabilidad" con dos posibles salidas.

Extiendes el brazo derecho hacia adelante y hacia arriba con los puños cerrados, ahora tu brazo se vuelve cada vez más y más rígido, se vuelve como una barra de acero sólida, rígida e inmóvil, cada vez más y más sólida, rígida e inmóvil hasta el punto que **TRATAS DE** *doblarla y* **USTED YA NO PUEDE** *doblarla.*

Cierra la mano izquierda, lo más fuerte que puedas, cada vez más y más fuerte, aún más y más apretada, ahora tu mano es de acero fundido, solida muy cerrada, esta tan cerrada que **TRATAS DE** *abrirla y* **USTED YA NO PUEDE** *abrirla.*

Cuando lanzamos el desafío "Brazo Rígido o Puño Cerrado".

1.- A partir de ahora, tu brazo está tan rígido, que ya no puedes doblarlo.
2.- A partir de ahora, tu puño está tan cerrado, que ya no puedes abrirlo.

*(Con estos dos **(2) desafíos**, podemos encontrarnos con **dos (2) posibles comportamientos**)*

Caso 1 A. Si el desafío de brazo fracasará, retomar el control.
(Si el sujeto comienza a dar señal de dobles del brazo; tienes que impedir que eso suceda y recupere el control. Vuelve a repetir la sugestión, esta vez con mayor fuerza)

Caso 1 B. Si el desafío del puño fracasará, retomar el control.
(Si el sujeto da señal de intentar abrir el puño; tienes que impedir que eso suceda y recupere el control. Vuelve a repetir la sugestión, esta vez con mayor fuerza)

Caso 2 A. Si el desafío es logrado, continúa la profundización:
(El sujeto no puede doblar el brazo, entonces tuvimos éxito, ahora continuamos con la profundización al siguiente nivel)

> *Intentas doblar el brazo, pero no puedes. Correcto así es, lo estás haciendo muy bien. Cuanto más lo intentas, más y más difícil te resulta doblarlo y más y más sólida, rígida e inmóvil se vuelve tu brazo; eso es lo has logrado.*

Caso 2. Si no, constatar el fracaso:
(El alumno no puede abrir el puño, entonces tuvimos éxito, ahora continuamos con la profundización al siguiente nivel)

> *Intentas abrir el puño, pero no puedes. Correcto así es, lo estás haciendo muy bien. Cuanto más lo intentas, más y más difícil te resulta abrirlo y más y más pegados, fusionados y apretado se vuelve tu puño; eso es lo has logrado.*

Caso 1 Negociar la salida del conflicto *(En el caso en que no pueda doblar el brazo)* lanzar un nuevo reto de profundización del estado hipnótico

*Cuando cuente hasta tres doblaras nuevamente tu brazo, pero te dormirás todavía más y más profundamente. 1, 2, 3, ¡dobla tu brazo, y **DUERME**!*

Caso 2 Negociar la salida del conflicto *(En el caso en que no pueda abrir el puño)* lanzar un nuevo reto de profundización del estado hipnótico

*Cuando cuente hasta tres abrirás nuevamente tu puño, pero te dormirás todavía más y más profundamente. 1, 2, 3, ¡abre tu puño, y **DUERME**!*

*Listo aprendiz, ya comprendiste la idea ¿**cierto**? **RECUERDA QUE ESTE DESAFÍO ES UNA "PRUEBA DE SUGESTIONABILIDAD"** Ahora comenzara tu desafío de esta **Familia Psicoconflictiva**. Estas listo, si verdad. Entonces continuemos.*

---

*Es ahora donde entra tu imaginación aprendiz; a la hora de crear, diseñar e innovar técnicas nuevas de esta **Familia Psicoconflictiva**. Puedes sustituir el puño cerrado por:*

- *Prohibición de abrir la boca o **hablar**.*
- *Prohibición de levantarse o **moverse** de un sitio.*
- *Prohibición de abrir los ojos, **catalepsia de ojos**, etc.*

*Estas técnicas se llaman **CATALEPSIA** o "**Catalepsia de Miembros**", es decir parte de su cuerpo se hace rígido, solido e inmóvil, a las **órdenes**, **sugestiones** e **inducciones** del hipnotizador. Se requiere un **Círculo de Potencia**, **Nivel de Fuerza** o **Nivel de Autoridad** "**FP4**" y "**FP5**" y Superiores en el **estado Z2, del TRANCE HIPNÓTICO MEDIO o Cataléptico** (Estado ZETA / THETA = Entre 4 a 7 Hz)*

Observa el giro del lenguaje característico del desafío en esta prueba:
Las palabras claves son: <<TRATE DE... USTED YA NO PUEDE...>>

Funcionamiento y Detección de Estados

¿Cómo funciona esta cuarta familia? Esta *Familias Psicoconflictiva* es una de las técnicas más utilizadas como *"**Prueba de Sugestionabilidad**"*. *(Es decir, que no son un **profundizador de estado**, sino una "**Pruebas de Sugestionabilidad**" para evaluar el grado de **Hiper-Sugestionabilidad** del sujeto.*

*Por lo que podríamos utilizarlas al inicio de nuestras **sesiones de hipnosis clínica terapéuticas** o presentación del **show de hipnosis callejera o de espectáculo**, para ir preparando la mente de las personas a recibir órdenes, inducciones y sugestiones de un **CÍRCULO DE POTENCIA**, **Nivel de Fuerza** o **Nivel de Autoridad** de **NIVEL SUPERIOR** (**FP1, FP2, FP3**) y superiores).*

*Yo recomiendo **(por experiencia propia)** usar esta **Familia Psicoconflictiva** como "**Prueba de Sugestionabilidad**" inicial; después de la **PRUEBA DE LA CAÍDA HACIA ATRÁS** que es otra "**Prueba de Sugestionabilidad**" muy efectiva y eficaz con un 90% de probabilidades de éxito que nos permite luego profundizar la experiencia hipnótica con otras de las familias de las que ya hemos estudiado anteriormente.*

*Esta **Familia Psicoconflictiva** es muy útil para pasar del estado normal **Z0** al **Z1**, y del **Z1** al **Z2**. Yo uso este truco para lograrlo: **Una vez realizada las dos (2) o tres (3) "Prueba de Sugestionabilidad"** anteriores, continuo con la **PROFUNDIZACIÓN DEL ESTADO** con **otra familia para hacer pasar al sujeto al estado Z1 o Z2**. Específicamente utilizo la **técnica** de **LA FAMILIA PSICOIMAGINARIA** bien sea la* del "**BARCO** que navega por el océano, el **ASCENSOR** que se desliza piso a piso, o nivel a nivel hacia abajo, o la de la **ESCALERA** mecánica que desciende peldaño a peldaño y baja hasta llegar a los niveles de abajo. Cualquiera que elijas estará bien, solo recuerda dominar tu **competencia verbal** y tu *(capacidad de oratoria)*.

> **IMPORTANTE**: *(Recuerden el nivel de **estado Z1** no nos vale como profundizador de estados, ya que solo es el **estado inicial hipnótico preparatorio** para comenzar a recibir sugestiones e inducciones de un **CÍRCULO DE POTENCIA, Nivel de Fuerza** o **Nivel de Autoridad** de **NIVEL SUPERIOR (FP1, FP2, FP3)** y superiores). A mí, me gusta utilizar estas "**Pruebas de Sugestionabilidad**", para evaluar el grado de compromiso de la persona, detectar el nivel de **HIPER-SUGESTIONABILIDAD** del sujeto. Ya que aplicadas correctamente son perfectas para ayudar a asimilar conocimientos, mejorar la concentración, la relajación, etc. Siempre que las sugestiones sean **positivas, afirmativas y progresivas**, que son las que pertenecen al **estado Z1**, ya que las sugestiones de (inhibición) o **prohibiciones** pertenecen al **estado Z2** que tienen un **CÍRCULO DE POTENCIA, Nivel de Fuerza** o **Nivel de Autoridad** de **NIVEL SUPERIOR (FP3, FP4, FP5)** y superiores)*

Cuando utilizamos la **Familia Psicoconflictiva**; Lanzamos un desafío, que es la "**Pruebas de Sugestionabilidad**" si no funciona, debes estar seguro que nos encontramos en **Z1**. Pero si funciona, y hacemos que *(no consigue, doblar el brazo o abrir el puño. Y al contar hasta tres, le ordenas que doble el brazo o abra el puño y que duerma. Y el sujeto se DUERME [**Es decir, entra en un estado de trance hipnótico profundo**])* Entonces eso significa que hemos conseguido que el sujeto aceptara una *(inhibición)* **prohibición**, y como el estado en que se aceptan prohibiciones es el **Z2**, tenemos claro que el sujeto paso del estado **Z1** al siguiente nivel; es decir, que entro y se encuentra ahora en el **estado Z2** *"listos para recibir **profundizadores de estados** y sugestiones (inducciones) de un CÍRCULO DE POTENCIA, Nivel de Fuerza** o **Nivel de Autoridad** de un **NIVEL SUPERIOR**.*

EXPLICACIÓN: Hay que conseguir que el sujeto a través de las "**Pruebas de Sugestionabilidad**" entre en el **estado Z1**, en cuanto veamos que obedece a **sugestiones positivas, afirmativas** y **progresivas**, y que conseguimos convencer de que **su brazo es tal ligero que comienza a subir hacia arriba**. Una vez hecho eso, sabemos de seguro que se encuentra en **Z1**. Ahora pones en práctica y a prueba la "**Prueba de Sugestionabilidad**" de la **Familia Psicoconflictiva**.

Una vez logrado este desafío, sabes que tienes asegurado que el sujeto ha entrado en el **estado Z2**. *(Como ves, uso la **Familia Psicoconflictiva** como "**Prueba de Sugestionabilidad**" para comprobar si hemos llegado al **estado Z2**)*. Recuerda que al usar la técnica de la **Familia Psicoconflictiva**, puedes varias la técnica. Puedes hacer la del puño cerrado, hacer la que tiene el brazo estirado y tan rígido que no puede doblarlo, o variar y hacerle la de **mano pesada**, tan pesado que no puede levantarla, o la inducción de las **manos doble direccionales**, etc.

> **Un truco**: *Intenta ver la **inducción** como un estado en el que el **inconsciente** del sujeto comienza a creer en las **sugestiones dadas por el HIPNOTIZADOR**. Una vez que acepta nuestras **órdenes**, **sugestiones** e **inducciones**, sabremos a ciencia cierta que se encuentra en el **estado Z1** listo para ser llevado a entrar ahora a **Z2**.*

Como ya le mencione anteriormente, existen otras familias, pero estas cuatro (4) que les he enseñado, son las más interesantes y efectivas. Sobre todo son las que yo más uso. **<u>POR EJEMPLO</u>,** *la **prueba de la caída hacia atrás**, se puede usar como **técnica de inducción** y se encontraría en la quinta **Familia POLIVALENTE**.*

<u>EJERCICIOS:</u>

Crear, escribir y diseñar la fraseología de una técnica de hipnosis que pertenezca a la **Familia Psicoconflictiva** que hemos estudiado en esta lección. Es decir, innovar tu propia "**Prueba de Sugestionabilidad**". *(A ver como esta nuestros niveles de creatividad, intuición, imaginación y receptividad...)*

*(XD Aprendiz, **No hay solución tampoco para este ejercicio.**); así que es tu momento nuevamente de tomar acción y hacer que las cosas sucedan. Recuerda el poder está dentro de ti, ya tienes la información, ya tienes los pasos a seguir solo hace falta que lo lleves a la práctica y demostrar tu ingenio, creatividad, intuición y deseo de convertirte en uno de los mejores **HIPNOTIZADORES**.*

*Así que adelante aprendiz, **sé que tú puedes**, **YO CREO EN TI**, en tu potencial y en tu capacidad para realizar este ejercicios que te propongo. Así que **APRENDIZ**, sigamos adelante y pongámonos manos a la obra y realicemos este ejercicio.*

XD aprendiz ten presente que todo ¡Depende de ustedes! Hasta ahora lo han hecho excelentemente bien. Y sé que seguirán mejorando, juntos **Ustedes** y **YO**, lograremos conquistar grandes cosas con este curso. *Yo estoy dando lo mejor de mí para ustedes, ahora ustedes ponga lo mejor que pueden dar y sé que llegaran lejos.*

Bueno **APRENDICES**, ¡Hemos **llegado al final de este CUARTO CAPÍTULO**! Espero que te haya gustado y sobre todo que hayas aprendido muchísimo con estas cuarta (4) técnicas de *"**Las Ocho Grandes Familias de la Hipnosis**" técnicas que estudiamos adaptadas del libro de "{[**Eric Barone** y **Jacques Mandorla** en su obra **ABC de la Hipnosis (Desarrolle su Potencial Mental)** de Ediciones Tikal]}".* Como siempre aprendiz, te deseo muchísima suerte con el ejercicio anterior. El dominio de cada una de las cuatro (4) "Técnicas" de la Familias de la Hipnosis, es lo que te permitirá llevar tus capacidades hipnóticas al siguiente Nivel. Recuerda que si tienes alguna duda para realizar el ejercicio, *(Sabes que siempre puedes contar conmigo, para lo que necesites)* RECUERDA que *"Si tienes alguna pregunta, no dudes en publicarla en mi **Website**" o "**Escribirme directamente a mi Correo (E-mail)**".*

Bueno, espero leer tus mensajes desde la sección "**Comentarios**" de mi **Website**! Ah! **APRENDIZ**, también me gustaría que me comentes la experiencia que viviste al realizar la **prueba de sugestionabilidad** "**Brazo Rígido** o **Puño Cerrado**" de la *"**Prueba de Sugestionabilidad**"* de la **Familia Psicoconflictiva**. Hasta la próxima aprendiz - ¡Espero poder tener muy pronto noticia tuya!... ^_^

MásterCoach.YlichTarazona@gmail.com
http://www.reingenieriamentalconpnl.com

*Si te ha gustado este **curso práctico de hipnosis**, y deseas "**contribuir**" con tu **aporte**, para **apoyarme** a seguir realizando este maravilloso trabajo, que con todo el cariño, preparado para ustedes. Puedes hacerlo a través del siguiente **Link** o **Enlace**.*

http://bit.ly/PaypalDonación
Gracias por tu Contribución

EL ÉXITO ES PARA AQUELLOS, QUE ESTAMOS DISPUESTOS A PAGAR EL PRECIO Y DISFRUTAR DEL CAMINO *"El éxito es más que una condición, es un estado mental. El éxito es un camino; es el logro consecutivo de pequeñas metas, y es el resultado de llevar una vida con propósito. Y para que nuestros objetivos se lleven a cabo; debemos estar dispuestos a programar nuestra mente en dirección a nuestro destino, tomar acción, ejecutar el plan o proyecto de vida y hacer que las cosas sucedan.*
*-. **YLICH TARAZONA**. -*

FAMILIA DE TÉCNICAS SIMPLIFICADAS PARA REALIZAR HIPNOSIS RÁPIDA

<u>¿Existen algunas TÉCNICAS RÁPIDAS y efectivas PARA HIPNOTIZAR en menos de un MINUTO?</u>

Claro que "**SÍ**". Entonces, aprendiz te preguntaras... *¿Por qué no, nos has hablado antes de ellas? ¿Para qué utilizar más de nuestro tiempo, haciendo todas las técnicas de las familias que nos has mostrado, si ellas requieren mucho mayor cantidad de tiempo? ¿Por qué dejar estas técnicas avanzadas, para enseñarlas al final?* Buenas preguntas, la respuesta es simple. Porque estas **TÉCNICAS DE HIPNOSIS SIMPLIFICADAS PARA REALIZAR HIPNOSIS RÁPIDA**, ameritan tener más **experiencia, conocimientos, práctica** y **dominio** de las familias anteriores. *Pero sobre todo aprendiz, porque estas **técnicas de hipnosis simplificadas para realizar hipnosis rápida**, tienen un grado de dificultad mayor que sus antecesoras, y necesitas tener un mayor grado de **carisma, confianza, seguridad** y **maestría** en el uso correcto de los **NIVELES** y **GRADOS de la Hipnosis**... Así como la habilidad de dominar efectivamente el arte de la **FASCINACIÓN** y la **SUGESTIÓN**.*

<u>HAGAMOS UN BREVE REPASO:</u>

Recordemos que el "Estado Z1" *Solo acepta sugestiones positivas, afirmativas y progresivas y está dividido en dos niveles de profundidad que son:*

ESTADO HIPNOIDAL *o **Encantamiento Z0 y Z1**, de ondas cerebrales* **ALFA / ALPHA = Entre 8 a 13** *Hz o* **(ciclos por segundo o cps)**
*Estado de TRANCE LIGERO propicio para comenzar a realizar autohipnosis, practicar hipnosis y es un estado favorable para recibir y aceptar sugestiones simples, afirmaciones positivas, inducciones progresivas y patrones hipnóticos básicos de un CÍRCULO DE POTENCIA, Nivel de Fuerza o Nivel de Autoridad "**FP1**" y "**FP2**".*

Estado hipnótico que se presenta de forma natural o creada por ejemplo:
- ✓ Al ver una película, ir al cine, escuchar una determinada música.
- ✓ Mientras hacemos una oración o recitamos un mantra.
- ✓ Mientras nos sumergimos en la lectura de un buen libro.
- ✓ Cuando estamos enamorados - enamoramiento o encantamiento.

Se caracteriza por los siguientes FENÓMENOS HIPNÓTICOS
- ✓ Relajamiento Mental
- ✓ Relajamiento Físico
- ✓ Disminución parcial de la respiración
- ✓ Disminución parcial del pulso o ritmo cardiaco
- ✓ Sensación del letargia leve
- ✓ Sensación de catalepsia leve

Y el estado **TRANCE HIPNÓTICO LEVE o Superficial Z1**, *de ondas cerebrales* **ZETA / THETA = Entre 4 a 7** *Hz o* **(ciclos por segundo o cps)**

*Estado propicio para aceptar y recibir una mayor cantidad e sugestiones directas e inducciones sugestivas leves y patrones hipnóticos y comandos progresivos de un CÍRCULO DE POTENCIA, Nivel de Fuerza o Nivel de Autoridad "***FP3***" y "***FP4***".*

Se caracteriza por los siguientes FENÓMENOS HIPNÓTICOS
- ✓ Mayor control de las emociones y sentimientos
- ✓ Disminución de la respiración, esta se hace más lenta
- ✓ Disminución paulatina del pulso o ritmo cardiaco
- ✓ Sensación del letargia o aletargamiento físico y mental
- ✓ Sensación de catalepsia ocular y de extremidades

Cierre de ojos y Aumento del número de pestañeo

****

Qué tipo de sugestiones se aceptan en el "Estado Z2" *Permite aceptar inhibiciones y (Sugestiones de Prohibición) y está dividido en dos niveles de profundidad que son:*

TRANCE HIPNÓTICO MEDIO o Cataléptico Z1 y Z2., *de ondas cerebrales* **ZETA / THETA = Entre 4 a 7** *Hz o* **(ciclos por segundo)**

Es propicio para recibir y aceptar una mayor cantidad de sugestiones, inducciones y órdenes subjetivas directas a través de *patrones hipnóticos de un CÍRCULO DE POTENCIA, Nivel de Fuerza o Nivel de Autoridad* "**FP5**" *y* "**FP6**".

Se caracteriza por los siguientes FENÓMENOS HIPNÓTICOS

✓ Fenómeno Hipnótico Analgesia y Anestesia Baja y Media, *(Tolerancia y capacidad susceptible para aliviar y controlar ciertos grado de dolor)*, Efecto faquir – *Traspasarse con aguja, anestesia quirúrgica local.*

✓ Amnesia ligera y media, capacidad para olvidar ciertas ideas o sencillas, tales como nombres, fechas, números, colores, olores, sabores y sucesos.

✓ Capacidad de mantener el Trance Hipnótico Medio o Cataléptico, bien sea con los ojos abiertos o cerrados.

✓ Este estado Hipnótico Medio o Cataléptico permite al sujeto aceptar una inhibición *(Una prohibición leve) por ejemplo comenzar a dejar un mal hábito.*

✓ Estado ONÍRICO o estado *CREPUSCULAR* propicio para estimular, crear mantener sueños lucidos, provocar viajes astrales y Experiencias extra corporales.
****

Y el estado de **TRANCE HIPNÓTICO UMBRAL SONAMBÚLICO o Sonambúlico Z2**, *de ondas cerebrales* **DELTA = Entre 0,5 a 3** *Hz o* **(ciclos por segundo o cps)**,

Es propicio para recibir y aceptar una mayor cantidad de sugestiones, inducciones y órdenes directas subjetivas a través de patrones y comandos hipnóticos *de un CÍRCULO DE POTENCIA, Nivel de Fuerza o Nivel de Autoridad* "**FP7**" *y* "**FP8**".

Se caracteriza por los siguientes FENÓMENOS HIPNÓTICOS

✓ *Estado propicio para crear fenómenos hipnóticos y estimular la "hiper – sugestionabilidad", "hiper-creatividad" y la "hiper-concentración"* **que permite la aparición de respuestas ideo motoras, ideo sensoriales, e ideo-emocionales** *amplificando los niveles de respuesta y profundizando las experiencias sugestivas extra sensorial, física y mental.*

✓ Capacidad de desarrollar Fenómeno Hipnótico Analgesia y Anestesia moderada, control total del dolor, capacidad de caminar sobre brasas ardiendo, atravesarse con alfileres y tener tolerancia al contacto con el fuego y el hielo.

✓ Fenómeno Hipnótico Letargo, Catalepsia y Catatónico Cataléptico moderada y alta de extremidades o cuerpo entero.

✓ **Estado de hiper – sugestionabilidad**" es decir una **amplificación superior de respuesta** o **profundizador de las experiencias sugestivas** o estado de **hiper concentración y relajación total** que se asocia metafóricamente al adormecimiento profundo, esta última llamada estado de trance hipnótico.

****

LA FASCINACIÓN como herramienta utilizado en la **HIPNOSIS**, es el recurso que nos permite intentar desviar el **factor crítico** de la **consciencia** del sujeto a fin de **implantar la sugestión** *(ordenes encubiertas)* directamente en la **MENTE SUBCONSCIENTE** de la persona a través de varias **TÉCNICAS DE PERCEPCIÓN** *Visuales, Auditivas, Kinestésicas* o *Sensoriales* a fin que las **sugestiones** *(ordenes encubiertas)* sean procesadas más fácilmente por el inconsciente del sujeto.

LA SUGESTIÓN son *"{(Orden Encubierta)}"* que **junto al LENGUAJE** tanto **verbal** y **no verbal** *(POSTURA CORPORAL "mirada, gestos y ademanes", "Simetría" – "Orientación" – "Inclinación" – "Ladeo" y "Micro-Expresiones Faciales")* nos permiten poder **generar ordenes subliminal** y **subjetiva** que nos faculten **acceder** a la **MENTE SUBCONSCIENTE** y al **inconsciente** de la persona. *En otras palabras, LA SUGESTIÓN, son "órdenes encubiertas" generadas a través del LENGUAJE verbal y no verbal de una forma sutil, que distrae el factor crítico de la mente y nos permite incrustar las órdenes al subconsciente para que este las acepte más fácilmente.*

Listo aprendiz; después de este breve resumen, estamos preparados para comenzar a dominar y conocer las variantes de las <u>**TÉCNICAS RÁPIDAS y efectivas PARA HIPNOTIZAR en menos de un minuto**</u>. Podemos encontrar estas metodologías de hipnosis avanzadas en la *Familia Psicoconflictiva*.

<u>Técnicas Rápidas de la Familia Psicoconflictiva y Derivadas:</u>

Las <u>**TÉCNICAS RÁPIDAS y efectivas PARA HIPNOTIZAR en menos de un minuto**</u> de la **Familia Psicoconflictiva** son las menos riesgosas, pero sí que tienen a ser las más difíciles de realizar por el hipnotizador. *Para desarrollar este tipo de Técnicas Rápidas, se debe de tener un control absoluto de los Niveles y Grados de la Hipnosis así como del dominio de la Fascinación y la Sugestión.*

<u>**Este tipo de Técnicas Rápidas, de la Familia Psicoconflictiva se basan en la PRE-SUGESTIÓN**</u>. Pero **¿Qué es esto?**

Como hemos visto parcialmente en anteriores capítulos; y estudiaremos a mayor profundidad en capítulos subsiguientes, la **PRE-SUGESTIÓN**, son todas las **sugestiones** *(Ordenes Encubiertas)* que se da el propio sujeto a hipnotizar.

<u>**DÉJAME COMPARTIRTE UN EJEMPLO**</u>: *Imagínate la siguiente situación. IMAGINA que una persona adulta, seria, respetable, conocida en los medios como una persona importante, vestida siempre de forma elegante, y que afirma ser uno de los mejores hipnotizadores del mundo. Y un día; de forma muy rotunda, se acerca a alguien que lo conoce, o ha escuchado hablar de él y de su fama como hipnotizador, y éste se le acerca confiadamente, lo mira fijamente a los ojos durante un minuto y de la nada le chasquea los dedos y le dices DUERME. (En ese momento el sujeto u hipnotizar, ha recibido muchísimas **pre-sugestiones**. Ve que el hipnotizador sabe hipnotizar, ha oído hablar de su fama como hipnotizador, observa su aspecto y su apariencia seria, confiada, segura y elegante. Sabe en su inconsciente; que cuando el hipnotizador haga alguna señal y pronuncie unas palabras mágicas como DUERME, lo que le estará ordenando a la persona es que se duerma). Teniendo en cuenta; estas* **pre-sugestiones** *en mente, como resultado final la persona quedará hipnotizada.*

Las mayorías de las <u>**TÉCNICAS RÁPIDAS y efectivas PARA HIPNOTIZAR en menos de un minuto**</u>, funcionan de esa misma manera... *Es decir; que una vez que creamos nuestra fama como hipnotizador, nos hacemos más efectivos en nuestras presentaciones, ya que las personas inconscientemente se predisponen y se* **pre-sugestionan** *a seguir las instrucciones con menor resistencia, y con un mayor grado de* **sugestionabilidad** *lo que nos permite ser más eficaces al momento de generar y crear fenómenos hipnóticos instantáneos.* Ahora te preguntaras... ***¿Bueno y en los casos en que estamos comenzando nuestro camino como hipnotizador, como podemos aprovechar también del poder de la PRE-SUGESTIONES?...***

La respuesta es simple aprendiz, crea esa credibilidad desde el mismo instante que comienzas tus sesiones de hipnosis clínica o tus shows de hipnosis de espectáculo... *¿**Y cómo lo hago te preguntaras?**** Bueno sencillo aprendiz; utilizando tu carisma, ingenio, seguridad y confianza al momento de presentarte, al momento de hacer la charla o la entrevista "pre-hipnótica", al momento de despejar las dudas, mitos, miedos e inquietudes sobre la hipnosis, demostrando tus conocimientos, tu dominio del tema. *Eso poco a poco, te va ir permitiendo generar en la mente subconsciente de la persona la IMAGEN que quieres proyectar. Y si respaldas esa imagen con tu LENGUAJE CORPORAL, VERBAL y NO VERBAL; y mantienes en todo momento tu carisma, ingenio, seguridad y confianza en coherencia con lo que dices y proyectas a través de tus acciones...* Entonces aprendiz, ya habrás comenzado a hipnotizar la mente inconsciente de las personas, trayendo como resultado que al momento de comenzar a realizar los **Convencedores**, las **Pruebas de Sugestionabilidad**, las **Pruebas Encubiertas** y los **Profundizadores de Estados Hipnótico** las personas te prestarán más atención, quitaran sus barreras psicológicas y les brindaras mayores oportunidades para creer en ti y seguir tu guía, instrucciones, sugestiones, ordenes e inducciones, posicionándote y consolidándote finalmente como el hipnotizador antes sus ojos... *Y eso aprendiz, ya es un gran logro en tu práctica de las* <u>***TÉCNICAS RÁPIDAS y efectivas PARA HIPNOTIZAR en menos de un minuto***</u>. **¿Por qué?** *Porque al posicionarte como experto antes los ojos de las personas, ellas mismas comenzaran a* **pre-sugestionarse**... **¿Comprendes el poder de lo que te estoy Enseñando?**

Ahora si aprendiz, comencemos con nuestra <u>TÉCNICA RÁPIDA y efectivas</u> <u>PARA HIPNOTIZAR en menos de un minuto</u>. Este tipo de técnicas de la <u>Familia Psicoconflictiva</u> se basan principalmente en la **Sugestión** y la **pre-sugestión**.

<u>Prueba Bloqueo de los Globos Oculares, Parpados Pesados o Catalepsia de Ojos:</u>

Esta **técnica de Sugestión Rápida**, conocida como **catalepsia de ojos**, es una "**Prueba de Sugestionabilidad**" que tiene un fuerte componente **PSICOLÓGICO** de estimulación de la (**Hiper-Sugestionabilidad** y **Respuesta Inductiva**)...

Yes Set*: Técnica utilizada para conseguir poner al sujeto de nuestra parte, y que esté de acuerdo con nosotros en al menos **3 "SI" seguidos** ("ordenes encubiertas").*

POR EJEMPLO*: Puedes sentarte/pararte "Si", Puedes juntar las piernas/los pies "Si", puedes tomar una respiración profunda "Si". A partir de ese momento, será mucho más sencillo que su **mente subconsciente ACCEDA** a nuestras **técnicas de sugestiones de hipnosis rápida** más libremente, preparándolo para comenzar el proceso hipnótico.*

*Recuerda siempre proyectar tu imagen en armonía con tu **lenguaje corporal**, **verbal** y **no verbal**; y mantener en todo momento tu **carisma**, **ingenio**, **creatividad**, **intuición**, **seguridad** y **confianza** en coherencia con lo que dices, piensas y haces...*

Los pasos a seguir después aplicar el **Yes Set** son los siguientes:

Paso 2*: Quiero que te relajes, respires profundamente, Inhala y Exhala, Inhala – Exhala, Inhala – Exhala. Así es; correcto, lo estás haciendo muy bien. Ahora quiero que tomes otra respiración profunda; pero esta vez, al soltar el aire, quiero que mires un poco hacia abajo, en una posición de tu cabeza que estés y te sientas cómodo y permitas que tus ojos se cierren completamente, presiónalos fuertemente, cierra también tus parpados fuertemente, has presión en tus ojos y parpados para que se peguen totalmente, vuelve a hacer presión para que se unan y se fusionen completamente, y permite que tus parpados y tus ojos se cierren totalmente, totalmente. Perfecto; así es, lo estás haciendo muy bien.*

Paso 1: El **hipnotizador** de forma segura y confiada se coloca delante del sujeto *(paciente o participante)*; y le dice, con un tono de voz firme, que lo mire fijamente a los ojos. *(Mientras que el hipnotizador deberá mantener en todo momento sus ojos sin parpadear, y mirando fijamente al punto que está justo entre las dos cejas del sujeto (tercer ojo), pero situado mucho más atrás de su cabeza. Evidenciando que el hipnotizador puede y está atravesando con su vista la cabeza del sujeto a hipnotizar)*

Deberá mantenerse así durante algunos segundos. Después, mientras continúa mirándole a los ojos fijamente, con seguridad le da la siguiente sugestión:

Paso 2: Relájate y respira profundamente, *"Ahora sientes como te pesan muchísimo tus párpados... No puedes mantener tus ojos abiertos durante más tiempo... Comienzan a cerrarse de inmediato... Comienzas a estar muy cansado... Tienes mucho sueño... Ahora entras en un trance de hipnosis muy profundo ¡Duerme!"*

Simplemente corto, ¿No?

RECOMENDACIONES: Te aconsejo que evites intentar realizar este método de hipnosis rápida, hasta que no domines a la perfección todas los demás técnicas.

¡Hasta aquí esta lección de <u>**TÉCNICAS RÁPIDAS y efectivas PARA HIPNOTIZAR en menos de un minuto**</u>! Aprendiz, espero que todo lo que he escrito hasta ahora, haya sido de tu interés... Recuerda que tienes que tomar acción, si quieres que las cosas sucedan... Llénate de valor, ármate de coraje, cree en ti, sigue mis recomendaciones, y veras como **podrás HIPNOTIZAR a Cualquier Persona, en Cualquier Momento y en Cualquier Lugar** con esta técnica.

¡Ahh! ¡Se me olvidaba! Un aprendiz de este **curso de hipnosis práctica**, me ha pedido que ponga en la website unos archivos de audio en MP3 con mi voz, en los que les muestre personalmente los diferentes tonos de voz que yo utilizo en mis **sesiones de hipnosis** y en mis **show de espectáculo**. ¡Me parece una muy buena idea! Y ya estoy preparando los audios para subirlos... También subiré unos videos en vivo practicando personalmente las diferentes técnicas de hipnosis que les he estado enseñando... Espero les guste y las disfruten, pero sobre todo que le saquen el mayor provecho... "Al final, voy a PREPARAR UN CURSO DE HIPNOSIS COMPLETAMENTE EN AUDIO Y VIDEO" así que debes estar pendiente...

También se me ha ocurrido, una idea maravillosa; que tal aprendiz, si ustedes podéis grabar las técnicas que les he enseñado en las diferentes familias, con los diferentes tonos y volúmenes de voz, y luego me lo mandan a mi correo personal <u>MásterCoach.YlichTarazona@Gmail.Com</u>, entonces yo seleccionaré de cada uno de las que me mandéis, la de mejor tono de voz, en las diferentes técnicas y familias de la hipnosis y yo las publicaré en la website junto con el nombre de su autor. *Y las primeras 10 personas en enviármelas, juntos a un video casero realizando una de las técnicas, estarán participando en un sorteo, que realizare en vivo en la plataforma de* ***Google Hangouts***, *para que los participantes ganadores se llevan un CURSO COMPLETO DE HIPNOSIS PROFESIONAL EN AUDIO, VIDEO Y PDF, completamente de obsequio GRATIS, cuyo valor del curso real está valorado en más de $350 dólares...*

¡Otra cosa! Aprendiz, si crees que lo que estoy haciendo merece la pena, que estas aprendiendo mucho, y que yo he dado todo lo mejor para enseñarlos como debe ser; y deseas apoyarme, a llevar estas enseñanzas a más personas que al igual que tu desean aprender a convertirse en un excelente hipnotizador. *Entonces mándame un mail a la dirección de correo anterior. Y te responderé personalmente a tu mail contándote todo lo que puedes hacer para incentivarme y ayudarme a continuar llevando este curso de hipnosis práctica alrededor del mundo, ¿Sería*

*fantástico cierto?. Y lo más importante **(No te va a costar dinero. Solo unos cinco a 10 minutos de tu tiempo)** y ya habrás aportado tu granito de arena en esta gran misión, que juntos tu y yo vamos a llevar a más personas... Ya que esta labor, que he venido realizando en verdad que me lleva bastante tiempo, nada más para que te hagas una idea, solo (¡Este capítulo me ha llevado unas siete u ocho horas!) que tal...*
   ^_^ / =)

El tiempo que tarde en publicar el próximo capítulo, dependerá de cómo sea vuestra colaboración en este gran proyecto. ¡Por Ahora Aprendiz, Hasta luego!

Bueno APRENDICES, ¡Hemos **llegado al final de esta LECCIÓN ESPECIAL**! Espero que les haya gustado y sobre todo que hayan aprendido muchísimo con estas poderosa **<u>TÉCNICA RÁPIDA y efectivas PARA HIPNOTIZAR en menos de un minuto</u>**. Como siempre aprendiz, te deseo muchísima suerte en tu práctica. *El dominio de esta **TÉCNICA SIMPLIFICADA PARA REALIZAR HIPNOSIS RÁPIDA**, es lo que te permitirá llevar tus habilidades hipnóticas al siguiente Nivel*. Recuerda que si tienes alguna duda para realizar el ejercicio, *(Sabes que siempre puedes contar conmigo, para lo que necesites)* RECUERDA que *"Si tienes alguna pregunta, no dudes en publicarla en mi **Website**" o "**Escribirme directamente a mi Correo (E-mail)**".*

Bueno, espero leer tus mensajes en la sección "**Comentarios**" de mi **Website**! Ah! **APRENDIZ**, también me gustaría, que como siempre me comentes la experiencia que viviste al realizar la **<u>TÉCNICA RÁPIDA y efectivas PARA HIPNOTIZAR en menos de un minuto</u>** del **Bloqueo de los Globos Oculares, Parpados Pesados o Catalepsia de Ojos**. ¡Hasta el próximo capítulo aprendiz - Espero poder tener pronto noticia tuya!... ^_^

MásterCoach.YlichTarazona@gmail.com
http://www.reingenieriamentalconpnl.com

*Si te ha gustado este **curso práctico de hipnosis**, y deseas "**contribuir**" con tu **aporte**, para **apoyarme** a seguir realizando este maravilloso trabajo, que con todo el cariño, preparado para ustedes. Puedes hacerlo a través del siguiente <u>Link o Enlace</u>.*

http://bit.ly/PaypalDonación
Gracias por tu Contribución

"Yo nunca he dicho que sea fácil, pero les prometo que tampoco será imposible... Solo tienen que estar dispuesto a pagar el precio del éxito y luego disfrutar de los resultados el resto de toda su vida" -. **YLICH TARAZONA**. -

QUINTO CAPÍTULO: PROGRAMA DE TRABAJO PARA LLEGAR A SER UN EXCELENTE HIPNOTIZADOR:

Hola que tal aprendiz, ya hemos llegado al quinto capítulo de nuestro **curso de hipnosis práctica**, primeramente voy a felicitarte por haber llegado hasta esta lección. Esto significa que en realidad estas interesado en **aprender hipnosis** y convertirte en uno de los mejores **HIPNOTIZADORES**. *Y te tengo buenas noticias, vas por el camino correcto. Así que sin más preámbulos continúenos con nuestra siguiente lección en tu camino a la excelencia en este maravilloso arte de la hipnosis.*

<u>LAS 15 REGLAS de la Sugestión Hipnótica:</u>

<u>1.</u> **<u>CORTAS</u>**. Nuestro cerebro puede procesar cinco datos simultáneamente, e incluso hasta siete, pero no ni diez, ni veinte. Por tal razón, de debe evitar construir sugestiones e inducciones largas tales como: "La pesadez de su brazo se desplaza primero hacia su pie izquierdo, luego hacia su mano derecha, antes de llegar a su frente, para regresar finalmente a su pie izquierdo". **Es preferible decir**: *"La pesadez de su brazo, se desplaza poco a poco hacia su pie"*. *"La pesadez de su pie, se desplaza muy lentamente hacia su mano"*, etc. **¿Vez, son las mismas sugestiones e inducciones, pero declaradas de forma más corta y precisa?**

<u>2.</u> **<u>CONCRETA y PRECISA</u>**. Se dirá: "Su brazo cada vez es más y más pesado como el plomo", "Su mano cada vez se hace más y más rígida como una barra de acero", "Sus ojos se hacen cada vez más y más pesados, sus parpados se cierran y siente la sensación de entrar en un sueño profundo".

<u>3.</u> **<u>AFIRMATIVA EN TIEMPO PRESENTE</u>**. Como si lo que dijéramos estuviera pasando en este momento en el AQUÍ y en el AHORA: *"Se siente pesado o cansado; se siente relajado o calmado"*. No vale decir: *"Me gustaría que sintieras pesadez en…"*

<u>4.</u> **<u>POSITIVA</u>**. La sugestión se aceptará mucho mejor, cuanto mayor sea la mejoría que proporcione al individuo: un **<u>EJEMPLO</u>** de cómo no debería de ser: *"Evitará cualquier enfermedad dejando de fumar"*. En cambio un **<u>EJEMPLO</u>** de cómo SI debería de ser: ***"Sus pulmones se despejan, su respiración es enérgica, sus ganas de fumar disminuyen y usted se siente cada vez más y más sano"***.

<u>5.</u> **<u>REPETITIVA</u>**. Si a un sujeto se le dice que su cuerpo es pesado directamente *(su cuerpo es pesado, su cuerpo pesa mucho, está muy pesado…)* lo más seguro es que acabaremos por provocarle ansia. Lo más correcto sería, decirlo de la siguiente manera: *"Su cuerpo poco a poco, se hace cada vez más y más ligero, su cuerpo comienza ahora a sentirse completamente ligero, cada vez más y más ligero, sus piernas y sus manos también se hace cada vez más y más ligeras poco a poco. Cada una de mis palabras, hace que tanto su cuerpo, piernas y brazos, se sientan aún más y más ligera. Tan ligera que siente la sensación de levitar, tan ligero que se siente completamente relajado" (Como ves estamos diciendo lo mismo, pero de diferente forma)*

<u>**6.**</u>   <u>**SIMPLE**</u> o <u>**SUPERPUESTA**</u>. Estas dos herramientas, consiste en relacionar un hecho con otro *(Aun cuando en realidad, no tengan ninguna relación entre sí)*

SIMPLE: "Su brazo se hace cada vez más y más ligero".

SUPERPUESTA: "Cuanto más ligero se hace su brazo, más profundamente se sume en el sueño; entre más ligero se hace su brazo más y más se relaja su cuerpo y más y más siente una sensación de sueño profundo".

Esta sugestión superpuesta, como podrás notar subordina la relación de una sugestión simple. Como viste en la inducciones, no existe en realidad una verdadera relación entre ambas; es la capacidad de convicción del hipnotizador la que la crea.

<u>**7.**</u>   <u>**INMEDIATA**</u> o <u>**DIFERIDA**</u>:

DIFERIDA: "Después de contar hasta tres levantarás tu brazo izquierdo".

INMEDIATA: "Levanta tu brazo izquierdo, ahora".

*La **diferida** tiene dos ventajas: **1°** Permite prevenir al sujeto, especialmente respecto a un contacto físico si fuere necesario; y así, evitar generar alguna emoción. **2°** Pero en sí misma, utilizada correctamente, es otra acción hipnótica que impulsa al individuo a responder antes una orden y prever otra realidad... A través del simple poder de su imaginación y su hiper-sugestionabilidad.*

*La **inmediata** tiene también dos ventajas: **1°** Permite ver el grado de atención y sugestionabilidad del sujeto antes las órdenes directas. **2°** Permite evaluar el nivel de hipnosis donde se encuentra el sujeto. Si responde inmediatamente a la orden de "Levantar su brazo izquierdo", significa que está en el estado Z2.*

<u>**8.**</u>   <u>**INTRAHIPNÓTICA**</u> o <u>**POSTHIPNÓTICA**</u>:

INTRAHIPNÓTICA: Se produce durante la hipnosis. *(Es decir, son los fenómenos hipnóticos que se producen durante el proceso de la hipnosis).*

POSTHIPNÓTICA: Se refiere al momento posterior a la hipnosis. *(Es decir, son las órdenes y sugestiones hipnóticas, que se mantienen aún después de terminar la sesión de hipnosis). Por ejemplo:*

"A partir de ahora, siempre que te toque la frente y te diga que duermas, entrarás en un estado de trance hipnótico aún más profundo, del que te encuentras ahora. Ahora, para probar que has comprendido, aceptado y asimilado todo lo que te he dicho, voy a contar hasta tres (3) y despertarás. Y verás que te encontrarás muy bien y te sentirás lleno de energía y vitalidad; pero aun después de despertar, siempre que te toque la frente y te diga que duermas, cerrarás los ojos y nuevamente entrarás en un estado de hipnosis todavía más y más profundo del que estas ahora, si entiendes asiente con la cabeza.

*UNA VEZ CREADA LA ORDEN; y el sujeto se despierte, probaremos la **Sugestión Posthipnótica**, le **pasaremos la mano leve y suavemente por la cara** (activando el anclaje kinestésico) y le diremos **DUERME** (activando el anclaje auditivo y sensorial) y si la persona comprendió, acepto y asimilo toda la orden que se le fue implantada con anterioridad, volverá a entrar en el estado de trance hipnótico profundo acordado. Y LISTO, ya habremos logrado el objetivo. ¿**Qué bien verdad**?*

_**9.**_ __PROGRESIVA__. Si le dice a alguien de una vez: "Su cuerpo relajado", quizá necesites repetirlo durante quince minutos para que esa sensación se cree realmente en el subconsciente de la persona. Pero si comienza diciendo: **_"Tu cuerpo comienza a relajar poco a poco, siente como tus manos se relajan más y más, sientes como tus piernas se relajan cada vez más y más"._** _"Correcto, así es lo estás haciendo muy bien"._ **_"Ahora sientes una paz y una tranquilidad en todo tu ser, siente una sensación de bienestar por todo tu cuerpo, ahora siente como esa paz, tranquilidad y sensación de bienestar se siente en todo cuerpo y mente, etc."_** _Aprendiz, como puede apreciar, ahora podemos obtener el mismo resultado que el anterior, pero esta vez, sólo tendríamos que emplear un máximo de unos cinco minutos y listo._

_**10.**_ __RAZONABLE__. Siempre hay que anticiparse, y evitar situaciones de estrés. __POR EJEMPLO__: Nunca deberá decir: "Usted se sumerge en un sueño profundo que lo cubre poco a poco" a un sujeto que se ha salvado de ahogarse en el mar unos años antes, ya que este tipo de sugestiones podría provocarle ansiedad. Lo correcto sería UTILIZAR FRASES INDETERMINADAS o INESPECÍFICAS, es decir usar frases neutrales, como __POR EJEMPLO__: _"Usted poco a poco se relaja, se siente en paz, calmado, tu cuerpo y tu mente comienza a sentir sensaciones de bienestar, eso es, así es, siente como esa sensaciones de tranquilidad se desplaza por todo tu cuerpo, ahora siente como te relajas cada vez más y más profundo, siente como esa sensación de relajación te permite entrar poco a poco en un estado de sueño profundo, así es, correcto lo estás haciendo muy bien._

_**11.**_ __FLEXIBLE__. Para poder adaptarnos a cada situación, contexto o circunstancia, según la ocasión lo requiera. _Debemos ser flexibles para adaptar nuestro vocabulario y dicción al mismo dialecto o vocablo del sujeto a hipnotizar._

_**12.**_ __CONVERGENTE, RELACIONADOS ENTRE SI__. Nuestras sugestiones deben ser coherentes entre sí, y tener un patrón continuo y relacionado con la anterior, para llevar al sujeto finalmente al estado hipnótico deseado. **_POR EJEMPLO_**_: "Su cuerpo se relaja, sus parpados pesan y sus ojos se cierran, su corazón poco a poco reduce su ritmo, su respiración disminuye cada vez más y más" Se dice que **convergen** ya que cada una de las sugestiones antes mencionadas estimulan en el sujeto el recuerdo inconsciente de la sensación de dormir, lo que lo lleva a sentir la sensación del sueño. Como vez cada acción mencionadas anteriormente **(representan cinco consecuencias fisiológicas naturales del sueño)** por lo que utilizada esta técnica correctamente, podemos generar artificialmente la sensación que se produce en el sueño fisiológico, usando esa sensación a nuestro favor._

_**13.**_ __REALIZABLE__. Si diéramos una sugestión que no pueda ser realizable por el sujeto. Como por ejemplo que _(vaya en contra de sus principios, moral, ética, religión o buenas costumbres...)_ En estos casos puede suceder: **1°** Nada; **2°**El sujeto despierta; o **3 °** El sujeto huye y se refugia en el estado Z3. Por tal razón, siempre es recomendable dar **órdenes**, **sugestiones** e **inducciones** que estén dentro de sus _(principios, moral, ética, religión y buenas costumbres...) y sobre todo en el estado correcto Z1 o Z2 y en círculo de potencia, nivel de fuerza o nivel de autoridad correcto._

14. **RAZONABLES, CONGRUENTES Y COHERENTES**. Siempre hay que **anticiparse a las reacciones fisiológicas**. **POR EJEMPLO**: No podemos decirle al sujeto que sus dedos van a comenzar a separarse, cuando ya tiene las manos completamente abiertas.

15. **NORMAL** o **SUBLIMINAL**. Una **Sugestión Normal** está destinada a ser escuchada conscientemente por el sujeto. Mientas que una **Sugestión Subliminal** va dirigida sutil y subjetivamente al subconsciente de la persona. Las **Sugestiones Normales** son, ***POR EJEMPLO****: Ordenes simples y directas, te sientes relajado, tu brazo levita, tus manos se quedan pegadas, tus ojos se cierran, tus parpados pesan, etc.* Mientras que las **Sugestiones Subliminales** son, ***POR EJEMPLO****: Imágenes invisibles intercaladas en una película, frases pronunciadas a gran velocidad o en un tono tan bajo que no se puedan oír, o una sugestión sutil u orden encubierta como podría ser "Cada vez que* **escuches mi voz***, te sentirás más y* **más relajado***.*

Como pudimos asimilar en este apartado, **LAS 15 REGLAS DE LA SUGESTIÓN HIPNÓTICA** son de vital importancia. Aprendiendo estos **15 PRINCIPIOS** y adaptarlos a nuestras **sesiones de hipnosis clínica terapeuta** o en nuestros **show de hipnosis callejero a de espectáculo** nos permitirá tener mayores probabilidades de éxito en nuestros procesos hipnóticos.

Ahora para continuar, les enseñare los pasos correctos en una sesión de hipnosis, para que puedan adaptarlos a sus propias terapias. Aprendiz, así que sin más preámbulos comencemos con nuestra próxima lección.

SESIÓN DE HIPNOSIS según el punto de vista del HIPNOTIZADOR

Ahora para continuar, describiré una sesión de hipnosis desde el punto de vista del especialista. *Es decir él (**hipnotizador**) hipnólogo o hipnotista:*

Podemos dividirlo en 5 etapas:
1. **Inducir;**
2. **Profundizar;**
3. **Fenómenos Hipnóticos;**
4. **Sugestión Posthipnótica;**
5. **Procedimiento del Despertar;**

1. **Inducir***: Significa situar al sujeto en el estado* ***Z1.***
2. **Profundizar***: Equivale a hacerle pasar al estado* ***Z2.***
3. **Fenómenos Hipnóticos***: Es el nivel donde se alcanzan los objetivo fijado (sanar una dolencia, aprender o enseñar alguna habilidad, vencer un hábito o desarrollar uno más empoderado, crear anestesia, analgesia, catalepsia, etc.) gracias al haber logrado aumentar el* **CÍRCULO DE POTENCIA** *o* **Nivel de Fuerza** *(FP3 y FP4), hasta un* **Nivel de Autoridad Mayor** *o* **NIVEL SUPERIOR FP5** *y* **Superiores**
4. **La Sugestión Posthipnótica***: Es el elemento esencial de toda hipnosis. Es Cuando el sujeto (**espectador**) paciente o participante se encuentra en la transición*

entre los **ESTADOS Z1** a **Z2**, y podemos darle *ÓRDENES POSTHIPNÓTICA* que se prolonguen y se ejecuten una vez que haya despertado. Y se mantengan vigentes las ordenes una vez haya terminado la sesión, incluso en días o fechas posteriores.

Esto es muy interesante, **te compartiré UN EJEMPLO**:

*"A partir de ahora, siempre que te toque la frente **(crear un anclaje kinestésico – toque con las manos)** y te diga que duermas **(crear un anclaje auditivo – con la palabra DUERME)**, entrarás en un estado de trance hipnótico aún más profundo, del que te encuentras ahora **(crear un anclaje sensorial – sentirse completamente relajado)**. Ahora, para probar que has comprendido, aceptado y asimilado todo lo que te he dicho, voy a contar hasta tres (3) y despertarás. Y verás que te encontrarás muy bien y te sentirás lleno de energía y vitalidad; pero siempre que te toque la frente y te diga que duermas, cerrarás los ojos y entrarás en un estado de hipnosis todavía más y más profundo.*

*Cuento: **1** vas recobrando tus energías y vitalidad; **2** te encuentras muy bien y te sientes sensacional, y vas despertándote cada vez más; **3** puedes despertar activo y listo para continuar, DESPIERTA AHORA."...*

*UNA VEZ CREADA LA ORDEN; y el sujeto **(espectador)** paciente o participante se despierte, probaremos la **Sugestión Posthipnótica** le **pasaremos la mano leve y suavemente por la cara** (activando el anclaje kinestésico) y le diremos **DUERME** (activando el anclaje auditivo y sensorial) y si la persona comprendió, acepto y asimilo todo la orden que se le fue implantada con anterioridad, volverá a entrar en el estado de trance hipnótico profundo acordado. Y LISTO habremos logrado el objetivo ¿entiendes la idea? ¿Comprendes el potencial que tienen las **Sugestiones PostHipnóticas**?...*

    5. **Procedimiento del Despertar**. El **procedimiento del despertar**, es el más importante al final de nuestra sesión hipnótica, ya que es la acción que nos permite anular todo lo que se le ha practicado o decretado en la sesión de hipnosis. *Pero manteniendo solo las **Sugestiones PostHipnóticas** si las hubiera.* Por tal razón, debido a su importancia, este debe de realizarse o hacerse lentamente, y nunca despertar al sujeto (**espectador**) paciente o participante de una forma rápida o brusca. Lo más ideal sería hacerlo de la siguiente forma: *"Cuando cuente hasta tres (3) despertarás del estado en el cual te encuentras ahora, y te despertaras alerta, listo, atento y con las energías y el bienestar al 100% de tu rendimiento óptimo, ¡estás LISTO!" Cuento: **1** vas recobrando tus energías y vitalidad; **2** te encuentras muy bien y te sientes sensacional, y vas despertándote y activando tus 5 sentidos cada vez más; **3** ya puedes despertar activo y listo para continuar, **DESPIERTA AHORA**."...*

    NOTA: *Al comenzar el Proceso de DESPERTAR, es recomendable al mismo tiempo que vamos contando, (1, 2, 3...) ir aumentando gradualmente el tono y el volumen de nuestra voz, y acoplar nuestro ritmo y compás de lo que estamos diciendo en coherencia con la sensación, emoción, y experiencia que estamos induciendo en la persona. De esta manera el sujeto (**espectador**) paciente o participante vera en nuestras palabras, acciones y expresiones las experiencia que queremos trasmitir.*

<u>SÍNTESIS "Antes, Durante y Después de una Sesión de HIPNOSIS"</u>

1.   **ANTES DE LA HIPNOSIS**: Hacer una entrevista previa, tener una charla pre-hipnótica, escribir el informe médico, leer y rellenar el guion terapéutico con el paciente o participante, llenar el contrato o acuerdo PostHipnótico para tener presente las metas que se quieren lograr con la sesión, profundizar el motivo de la consulta o sesión, hacer preguntas al sujeto para localizar posibles problemas psicológicos y fisiológicos si los hubiera, detectar miedos, traumas, fobias, expectativas, deseos e intereses, etc. ¿**Entiendes lo que te digo**? *Al hacer todo esto, no solo podrás prevenir con tiempo algún inconveniente, sino que sobre todo te podrás adelantarte y cubrir cualquier expectativa, posicionándote como un experto en la materia y consolidar tu IMAGEN como **Hipnotista, Hipnotizador, Hipnólogo o Hipnoterapeuta.** Está claro, que al tener un perfil de la personal en cuestión con quien vas a trabajar, vas a tener más ventajas, que si no cumplieras con todos estos procedimientos iniciales ¿**me doy a entender**? *Estás de acuerdo, que al tener mayor información, mayores probabilidades de éxitos tendrás en **realizar tus sesiones de hipnosis clínica terapéuticas** y más probabilidades de éxitos tendrás al **realizar tus show de hipnosis callejeras o de espectáculo**. ¿**Estas claro en esto, verdad**?* Al tener esto presente, podrás evitar hacer el método de la barca a alguien que tiene fobia al agua. XD – mucho cuidado con eso.

2.   **Durante la hipnosis**: Inducir, profundizar, crear fenómenos hipnóticos, realizar sugestión posthipnótica, finalizar correctamente los procedimientos del despertar, aumentar tu **CÍRCULO DE POTENCIA** o **Nivel de Fuerza de un (FP1, FP2 y FP3)** a un **Nivel de Autoridad Mayor** o **NIVEL SUPERIOR FP5 y superiores**, realizar **pruebas de sugestionabilidad, pruebas encubiertas, inducciones, convencedores** y **profundizadores de estados hipnóticos**, elegir los estado de trance hipnóticos que deseamos alcanzar en función a nuestros objetivos *(ESTADO HIPNOIDAL o Encantamiento Z0 y Z1, TRANCE HIPNÓTICO LEVE o Superficial Z1, TRANCE HIPNÓTICO MEDIO o Cataléptico Z1 y Z2 o TRANCE HIPNÓTICO UMBRAL SONAMBÚLICO Z2 según sea el caso.*

3.   **Después de la hipnosis**: Tener una breve conversación con el sujeto (**espectador**) paciente o participante, en la que se le pide a la persona que cuente cronológicamente todo lo que recuerde que haya sucedido, ya que esto nos permite detectar los estados **Z2**, por medio de las **amnesias posthipnótica retroactivas** y **espontáneas**. *(Así se llama el olvido temporal que comentaba antes, de que al entrar en **Z2**, se **olvidaba** o se **borra** la técnica que le hacía caer en estado profundo (**Z2**)),* terminar con una breve entrevista y verificar el contrato o acuerdo PostHipnótico para comprobar que se cumplieron los objetivos, agendar la próxima cita, planear la próxima sesión de hipnosis clínica o terapéutica, planificar el próximo show de hipnosis callejera o show de hipnosis de espectáculo, recomendar, ofrecer y vender algunos de tus materiales didácticos y de apoyo (Audios, Videos, Libros, o PDF), entregar los Audios de AutoHipnosis para acostumbrar a la persona siempre llevarse algo en cada sesión o evento, tomar notas de los testimonios, pedir referidos, y llamar a tu próximo futuro prospecto, cliente o interesado.

Programa de Trabajo para llegar a SER un Excelente HIPNOTIZADOR

1. PREPARACIÓN DE LA VOZ.

Escoge un texto, preferiblemente que sea interesante y motivador para ti; puedes usar como referencias las pruebas de sugestionabilidad, o las inducciones hipnóticas que hay en este curso; y pronuncia cada frase, 4 veces, de 4 maneras distintas:
- *Paternal autoritaria.*
- *Maternal, dulce y cariñosa.*
- *Colaborador.*
- *Flexible.*

Aquí te compartiré algunos <u>EJEMPLOS</u>:

Paternal	*Autoridad.* *"Obediencia por respeto".*	*"¡Levántate inmediatamente!"* *Y ven aquí, por favor.*
Maternal	*Dulzura, Protección.* *"Obediencia por amor".*	*"Me gustaría que te levantaras para alcanzarme esa caja: es que me siento muy cansada."*
Colaborador	*Analítico, Inteligencia.* *"Obediencia por el razonamiento lógico".*	*"Ese humo puede ser perjudicial; deberías levantarse y abrir la ventana."* *¿No cree usted?*
Flexible	*Libertad de Elección, Iniciativa Sugerida.* *"Obediencia a través de una aparente libertad de decisión".*	*"Imagine que se levanta. Provoque ese deseo internamente en usted; hágalo cuando quiera y sientas que deberías hacerlo y lo haces."*

Para este ejercicio, si es necesario, el hipnotizador puede emplear estas cuatro voces en menos de quince segundos. Esto da una idea de la adaptación necesaria.

*Es preciso subrayar en este punto, que no basta con solo leer estas **sugestiones**; debes ser consciente de la imitación que hagas al momento de **pronuncias las inducciones**, de buscar con exactitud la pronunciar de la **orden hipnótica**, a través de una adecuada utilización de un tono de voz específica, hablando con un tono de voz que refleje la emoción que quieres despertar, describiendo imágenes mentales que generen en el sujeto una sensación de **profundización del estado** que queremos **inducir**.*

2. MÍRATE EN EL ESPEJO. Práctica el ejercicio anterior, habla con tus cuatro voces *Paternal autoritaria - Maternal, dulce y cariñosa – Colaborador y Flexible.*

Para éste 2 paso; mirándote al espejo, trata de reflejar las siguientes indicaciones:
LA RESPIRACIÓN Cambia el estilo del...
- *Ritmo "Equilibrado o Descontrolado" - "Lento o Suave"*
- *Forma "Abdominal o Pectoral"*
- *Volumen "Suficiente o Insuficiente"*

MOVIMIENTOS OCULARES utiliza tus ojos en diferentes direcciones...
- *Hacia arriba, en dirección a la izquierda.*

- *Hacia arriba, en dirección a la derecha.*
- *Lateralmente hacia la punta final del lado izquierdo del ojo.*
- *Lateralmente hacia la punta final del lado derecho del ojo.*
- *Hacia abajo, en dirección a la derecha.*
- *Hacia abajo, en dirección a la derecha*

MICRO-EXPRESIONES FACIALES utilizando tu rostro trata de hacer gestos de…

- *"Ademanes" de Duda, Miedo, Temor, Ira, Inquietud, Tensión, Relajación, Emoción, Alegría, seguridad, Felicidad, Paz, Amor y Armonía.*

POSTURA CORPORAL, POSICIÓN DE LA CABEZA y MOVIMIENTOS DE LAS MANOS

- *"Movimientos de Afirmación" – "Movimientos de Negación"*
- *"Gestos y movimientos con las Manos y los Dedos"*
- *"Rígido" – "Relajado" – "Tranquilo o Imperativo"*

LA VOZ Utiliza tu estilo de voz en diferentes…

- ***Ritmo*** *"Pausado o Acelerado"*
- ***Timbre*** *"Agudo o Grave"*
- ***Tono*** *"Suave o Áspero"*
- ***Volumen*** *"Alto o Bajo"*

3. CONSTRUYE SUGESTIONES SOBRE LA BASE DE UN ESTADO HIPNÓTICO QUE DESEES GENERAR. Para la realización de este ejercicio, te puedes ayudar aplicando las dieciséis reglas de la sugestión con la que comencé este capítulo. Aprenda estas dieciséis reglas. Léete un texto de una de las sugestiones que ya hayas creado y pregúntate por qué ciertas frases no servirían para la sugestión.

Al hablar; analiza qué ocurre si dices las frases:

- *Muy rápido / muy despacio*
- *Con tono neutro / enfático*
- *Muy débil / muy fuerte*

4. APRENDE LOS 5 PASOS DE UNA SESIÓN DE HIPNOSIS, ESTUDIA LOS ESTADOS Y LOS NIVELES DE LA HIPNOSIS, LAS TÉCNICAS, LAS HERRAMIENTAS Y LAS FAMILIAS DE LA HIPNOSIS.

Procesos de una Sesión de Hipnosis *(**Inducir, profundizar, fenómenos hipnóticos, sugestión posthipnótica y procedimiento del despertar**)*; Estados y Niveles de la Hipnosis *(**ESTADO DE VIGILA "Z0"**– Presente aquí y ahora, nivel neuronal BETA = Entre 14 a 28 Hz o (ciclos por segundo o cps) - **ESTADO HIPNOIDAL** o **Encantamiento Z0 y Z1**, nivel neuronal ALFA / ALPHA = Entre 8 a 13 Hz o (ciclos por segundo o cps) - **TRANCE HIPNÓTICO LEVE** o **Superficial Z1**, nivel neuronal ZETA / THETA = Entre 4 a 7 Hz o (ciclos por segundo o cps) - **TRANCE HIPNÓTICO MEDIO** o **Cataléptico Z1 y Z2**, nivel neuronal ZETA / THETA = Entre 4 a 7 Hz o (ciclos por segundo) - **TRANCE HIPNÓTICO UMBRAL SONAMBÚLICO** o **Sonambúlico Z2**, nivel neuronal DELTA = Entre 0,5 a 3 Hz o (ciclos por segundo o cps), perceptibles exteriormente)*; Técnica del Magnetismo *(**MOPPAO**)*; Herramientas del Hipnotizador *(**Fascinación y Sugestión**)*; Familia de la Hipnosis *(**Sensorial, fisiológica, Psicoimaginaria, Psicoconflictiva**)*; Finalidad, estrategia y fraseología de las familias de la hipnosis

5. APRENDE LA FINALIDAD, ESTRATEGIA Y FRASEOLOGÍA DE LAS 4 FAMILIAS 1 SENSORIALES, 2 FISIOLÓGICAS, 3 PSICOCONFLICTIVA Y 4 PSICOIMAGINARIA.

Aprendiz, para este ejercicio tienes que ser capaz de **adaptar las 4 familias de la hipnosis** a todos los casos. *Debes saber para qué sirve cada una, comprender sus etapas y el orden correspondientes de cada finalidad, estrategia y fraseología.*

6. INVENTA NUEVAS TÉCNICAS DE SUGESTIONES. En este ejercicio el propósito

es diseñar, crear e innovar nuevas sugestiones e inducciones hipnóticas a partir de **las 4 familias de la hipnosis** *(Sensorial, Fisiológica, Psicoconflictiva y Psicoimaginaria)* utilizando técnicas nuevas, o a las ya conocidas y estudiadas en este curso de hipnosis. Lo importante es hacerlo por escrito y partiendo de:
  a) Finalidad.
  b) Estrategia y
  c) Fraseología

7. DOMINAR VARIAS TÉCNICAS DE SUGESTIÓN, Y ELEGIR ADECUADAMENTE QUÉ ORIENTACIÓN ES LA MÁS ADECUADA PARA CADA INDUCCIÓN, SEGÚN LA SITUACIÓN EL CONTEXTO Y LAS CIRCUNSTANCIAS QUE SE PRESENTEN.

La mayoría de los hipnotizadores:

- *Empiezan con una **entrevista previa**, una **charla pre-hipnótica**, escriben su **informe médico**, leen y rellenan el **guion terapéutico** con el paciente o participante, llenan el **contrato o acuerdo PostHipnótico** para tener presente las metas que se quieren lograr con la sesión o el show, profundizar el motivo de la consulta o sesión, hacer preguntas al sujeto para localizar posibles problemas psicológicos y fisiológicos si los hubiera, detectar miedos, traumas, fobias, expectativas, deseos e intereses, etc.*

- *Utilizan la **prueba de sugestionabilidad** de la **caída hacia atrás (Familia Sensorial)** como prueba de métodos confiable para comprobar el grado de sugestionabilidad del sujeto. Para lograr mayores resultados se recomienda (Ir cambiando el tono, volumen, ritmo y compás de la voz para detectar cual funciona mejor en ese sujeto y adaptarla a cada situación o contexto en particular) – "Si el sujeto pusiera alguna resistencia, sutilmente se cambiara el estilo de la voz, se incorporaría las percepciones auditivas, visuales, kinestésica y sensoriales para estimular el estado hipnótico deseado en la persona, y finalmente al lograr el objetivo; se comienza con la profundización utilizando otras de las de técnica o de familia.)*

Recomendaciones a tener en cuenta en cada Sesión de HIPNOSIS:

- **MANTENER**: Todas las **técnicas** y **metodologías** que has realizado bien, y seguir aplicándolas en las subsiguientes oportunidades que se te presenten. Recuerda que la práctica y la repetición constante es la madre de la enseñanza. *Una de las maneras que tenemos para ir perfeccionando nuestras técnicas y metodologías es la evaluación periódica de nuestras acciones en cada práctica, sesión de hipnosis o evento de show de espectáculo. Ya que cada vez que nos evaluamos, nos permite* *interiorizar el **MODELO** que hemos utilizado para poder repetir los mismos resultados con mayor excelencia la próxima vez que realicemos la misma técnica.*

- **ACTIVAR**: Todo aquello que podrías a ver echo, y que no realizaste en la sesión o evento anterior. Es importante que cada vez que realices una **sesión de hipnosis clínica** o un **show hipnótico de espectáculo**, evalúes posteriormente lo que hiciste bien, y lo que probablemente pudiste haber hecho mejor. *Ya que esto te permitirá interiorizar y profundizar en tu mente subconsciente la técnica que hayas utilizado; permitiéndote de esta forma, ir agregando a tu repertorio aquello que tal vez hayas omitido, pero que si lo hubieras realizado o lo hubieras intentado, te fuera ayudado efectuar la técnica con mayor efectividad y eficacia posible.*

- **DESACTIVAR**: Todo aquello que hiciste en el **ejercicio**, la **práctica**, en la **sesión de hipnosis clínicas** o **show de hipnosis de espectáculo** que no debías haber hecho. Como en los pasos anteriores, **este punto te ayudara a evaluar lo que hiciste en una determinada sesión terapéutica** o **evento de hipnosis**, que no deberías haber realizado, o que pudiste haber omitido. *El propósito de este parte del ejercicio, es que una vez te hayas evaluado equitativamente, y hayas identificado aquellos puntos que no debiste haber introducido en tus **sesiones o show**; te permita posteriormente ir eliminando todo aquello que sea innecesario o excedente en la práctica real en la aplicación futura de los ejercicios de hipnosis con una persona.*

*Aprendiz: este **ejercicio** o **proceso de tres pasos** [MANTENER - ACTIVAR y DESACTIVAR] te servirá para **ir perfeccionando poco a poco tus HABILIDADES HIPNÓTICAS y persuasivas**. Al mismo tiempo que te permitirá observar cómo responden las diferentes personas bien seas estos (**pacientes o participantes**), ante las **sugestiones verbales persuasivas** o **inducciones orales hipnóticas** que les trasmites y les comunicas para generar el **estado de trance hipnótico deseado** en cada contexto o situación en el que realizas la hipnosis.*

Principios a tener en cuenta antes de comenzar una SESIÓN DE HIPNOSIS CLÍNICA o un SHOW DE HIPNOSIS DE ESPECTÁCULO.

Aprendiz, antes de comenzar a **HIPNOTIZAR** a una persona, debemos primero comenzar a realizar una serie de **protocolos pre-hipnóticos** que nos permitirán aumentar considerablemente nuestro porcentaje efectivo de acierto:

ESTABLECER SINTONÍA, RAPPORT Y ACOMPASAMIENTO: Para lograrlo, lo primero que debemos hacer, es **explicarle claramente** a nuestro sujeto en cuestión *(paciente o participante)* **que es** y **que no es la hipnosis**. Así como también **explicarle que va a sentir** o **experimentar ántes, durante** y **después de la sesión** o **el show de hipnosis**; y establecer previamente una relación estrecha entre ustedes más allá de la confianza, para que el sujeto *(paciente o participante)* nos permita acceder a esa parte de su **MENTE INCONSCIENTE** que es la que les faculta ser más respectivo a las **sugestiones** e **inducciones** que les sugerimos. De esta manera, el sujeto *(paciente o participante)* participa activamente en la **sesión** o el **show de hipnosis**, sin poner ninguna resistencia psicológica a los **comandos** u **órdenes hipnóticas** que les estamos sugiriendo.

DESCONEXIÓN O DISOCIACIÓN: El siguiente paso aprendiz, es desconectar al sujeto *(paciente o participante)* de la parte **CONSCIENTE** de su cerebro *(a saber, la parte lógica o racional de su mente)* de la parte **INCONSCIENTE** *(es decir, la parte sugestionable de su mente)*. Para ello, debemos comenzar nuestras **sesiones terapéuticas** o **eventos de hipnosis callejeras** (SEGÚN SEA EL CASO) con pequeños ejercicios de comprobación, para evidenciar su reacción, respuesta, disposición y sugestionabilidad ante las órdenes que les impartimos. Entre los ejercicios básicos más comunes que se recomiendan podríamos mencionar los **Dedos Magnéticos**, **Manos Magnéticas**, **Manos Direccionales Arriba - Abajo**, **Elevación o Levitación del Brazos**, **Caída Hacia Atrás**, **Catalepsia De Ojos**, **Brazos** y **Piernas** entre muchos otros, que nos puedan ayudar a conseguir esa disociación, y lograr finalmente nuestro objetivo. Que es hacer entrar en **trance hipnótico** a la persona, y permitirle desarrollar su "**hiper – sugestionabilidad**" es decir, su **amplificador de respuesta** o **profundizador de las experiencias sugestivas**, para crear finalmente el **ESTADO HIPNÓTICO** que deseamos.

INTRODUCCIÓN DE LAS INDUCCIONES: Aprendiz, una vez *realizado la comprobación previa de sugestionabilidad*, podemos ir avanzando poco a poco en nuestro proceso de **trance hipnótico**, comenzando a utilizar una diversidad variada de diferentes **inducciones verbales**, acompañadas de **comandos hipnóticos**, **sugestiones** y **patrones persuasivos** que nos permitan finalmente ir dirigiendo al sujeto *(paciente o participante)* a entrar en el **estado de trance hipnótico deseado** y al **estado mental** de **DISPOSICIÓN PRE** y **POS HIPNÓTICA** que deseamos alcanzar con la persona en cuestión.

La **Inducción Hipnótica** es el **proceso verbal**, por medio el cual el **HIPNOTIZADOR establece, estimula, dirige** y **sugestiona** a la persona a través del poder de la **palabra hablada**, para hacer entrar al sujeto *(paciente o participante)* al **estado de trance hipnótico** deseado. En otras palabras, la **Inducción Hipnótica** es el medio más efectivo por medio del cual el **hipnotizador** declara verbalmente y prepara las **condiciones mentales** requeridas en el **proceso del trance** para que ocurra la **HIPNOSIS**. Es decir, los *(Fenómenos Hipnóticos)*. En otro orden de idea, podemos decir entonces que la **Inducción Hipnótica** puede definirse como los **procesos psicológicos** o **procedimientos mentales** de la **HIPNOSIS** necesarias para llevar a una persona al *estado de trance hipnótico* deseado a través del poder de la **palabra hablada** declaradas a través de las **sugestiones verbales** y las **inducciones orales** que les comunicamos al sujeto *(paciente o participante)*. El **Estado de Trance Hipnótico** es el estado de mayor **sugestión** o **sugestionabilidad**, durante el cual las facultades de la *mente críticas* o el *factor crítico de la mente* se reducen, y los sujetos *(pacientes o participantes)* son más propensos y receptivos a aceptar los **comandos, patrones, sugestiones, inducciones, órdenes directas** y **sugerencias** declaradas por el **hipnotizador**.

A continuación aprendiz, voy a explicar algunos de los **elementos básicos más importantes a tener en cuenta a la hora de comenzar a inducir estados hipnóticos.** *Hay decenas de principios en el transcurso de este libro, pero solo voy a resaltar los más esenciales y necesarios para multiplicar nuestro porcentaje de éxito:*

<u>Elementos Básicos más Importantes a tener en cuenta a la hora de Comenzar a Inducir Estados de Trance Hipnótico.</u>

<u>**AUTORIDAD**</u>: Cualquier **tipo de sugestión**, **comando subliminal**, **inducción hipnótica**, **petición** u **oren directa** e **indirecta**; es incluso mucho mejor y funciona más efectivamente aun estando despierto **si la realiza una persona con autoridad.** <u>***POR EJEMPLO***</u>: *Si una persona desconocida te ve sentado en una banca del parque, y te pide que te levantes para sentarse él o ella - ¿**Lo harías**? Indudablemente que no verdad...* Pero ahora **IMAGINA** la misma situación anterior, y **trata de imaginarte** esta vez, que la persona que te pide que te levantes del banco para sentarse es alguien de autoridad, reconocido, famoso, importante y relevante para ti. En esta nueva situación, probablemente le sederías el banco cierto – si verdad... ¿**Por qué**? Porque **representa una autoridad** o **personaje importante** para ti. [Pues en **el campo de la HIPNOSIS sucede exactamente lo mismo**]. *Es decir, que debemos presentarnos ante las personas como una **AUTORIDAD** en el campo de la **HIPNOSIS**; en otras palabras, debemos presentarnos como **expertos HIPNOTIZADORES** ante nuestro público, espectadores, clientes o pacientes, para que nuestras **sugestiones** o **inducciones** tengan mayor fuerza para el sujeto en cuestión.*

<u>**REPETICIÓN**</u>: Debemos **repetir varias veces**, en **varias ocasiones**, de **diferentes modos** y de **distintas formas** los **estados mentales** que queremos **INDUCIR** y **GENERAR** en la mente de las personas *(pacientes o participantes)* a quien le realizamos la **sesión** o **show hipnótico**. <u>***POR EJEMPLO***</u>: *Si queremos que el sujeto (**paciente** o **participante**) entre en un **estado de trance profundo de relajación**, no bastará con que solo le digamos SUEÑO, DUERME o RELÁJATE para producir el **fenómeno hipnótico esperado**...* Para que esto realmente suceda, debemos continuamente bombardear su **mente subconsciente** repetidamente con **sugestiones verbales, comandos subliminales, inducciones hipnóticas** y **órdenes directas** e **indirectas** que les permitan **inducir** y **generar** el **estado hipnótico deseado**; a saber el **estado de trance profundo**. Y para lograr ese objetivo, utilizamos repetidamente las palabras **SUEÑO, DUÉRMETE** o **RELÁJATE**, organizadas en pequeñas oraciones subliminales creadas para tal propósito; a fin, de dirigir al sujeto a entrar en el estado de trance hipnótico deseado. Y la mejor forma de hacerlo sería de la siguiente manera: *A la cuenta de 3, te ordenare que cierres tus ojos, y al cerrar tus ojos deseo que te **RELAJES PROFUNDAMENTE** hasta que comiences a tener esa sensación de **SUEÑO PROFUNDO**, quiero que a medida que escuches mi voz, y te diga **DUÉRMETE** sientas una sensación de paz y tranquilidad que te hace entrar en un **estado más y más profundo de relajación**, a medida que te **RELAJAS** más y más **PROFUNDAMENTE** sientes como caes en un **SUEÑO PROFUNDO** que te produce cada vez más y más deseos de **DORMIRTE**, correcto, así*

es lo estás haciendo muy bien. Perfecto, ahora que has entrado en un estado de **RELAJACIÓN PROFUNDA** *entre más escuchas mi voz, más y más te adentras en ese* **SUEÑO PROFUNDO** *que te da serenidad y te produce esa paz interior que te estimula que* **DUERMAS PROFUNDAMENTE** *más y más. Muy bien, así es, lo estás haciendo correctamente. Ahora voy a comenzar a contar del 1 al 3 y a medida que voy contando vas profundizando cada vez más y más en este estado de* **RELAJACIÓN PROFUNDA**, *y quiero que percibas como con cada respiración te relajas más y más. Correcto así es, muy bien; 1 inhala profundamente y siente como con cada inhalación te llenas de tranquilidad y una paz interior que te produce serenidad, 2 con cada exhalación deseo que sueltes todo estrés, y sientas como al exhalar el aire de tus pulmones sientes que liberas todas las tenciones de tu cuerpo, 3 siente como cada vez profundizas más y más en este estado de* **RELAJACIÓN PROFUNDA**, *correcto, así es lo estás haciendo muy bien. Perfecto, ahora* **DUÉRMETE PROFUNDAMENTE**. *Listo; hasta aquí si hicimos la inducción correctamente, hemos generado en la persona el estado de trance deseado, ahora solo tenemos que pasar a la siguiente parte de la inducción.*

<u>**ACIERTOS**</u>: *Aprendiz, conviene comenzar aplicando* **sugestiones sencillas** *e* **inducciones directas**. La combinación acertada de estas **sugestiones** e **inducciones**, nos permitirán conseguir, que nos sea mucho más sencillo llevar al sujeto *(**paciente** o **participante**)* a un ***Estado de Tracen Hipnótico Deseado***. Si consigamos lograr esa **DISOCIACIÓN** entre su **mente consciente** y su **mente inconsciente** la **sesión hipnótica** o el **show de espectáculo** habremos tenido éxito. *Y para lograr este objetivo, primeramente debemos seguir los pasos anteriormente nombrados, ya que esto permite crear una secuencia o continuidad en el* **proceso hipnótico**, *y entre* **mayor cantidad de aciertos tengamos** *mayores son las probabilidades de éxito que obtendremos.* **¿Ahora ya vas comprendiendo la idea?**

<u>**TÉCNICA DE YES-SET**</u>: Debemos conseguir poner al sujeto *(**paciente** o* **participante**) de nuestra parte. Y para lograr ese objetivo debemos conseguir que la persona coincida afirmativamente y este de acuerdo con nosotros en al menos 3 "**SI**" seguidos. <u>**POR EJEMPLO**</u>: *Puedes sentarte "**Si**", Puedes juntar las piernas "**Si**", puedes tomar una respiración profunda "**Si**". A partir de ese momento, será mucho más sencillo que su* **mente subconsciente ACCEDA** *a nuestras* **sugestiones** *e* **inducciones** *más libremente, lo que permitirá llevar a cabo la sesión hipnótica o el show de espectáculo al siguiente nivel, activando los fenómenos hipnóticos deseados.*

<u>**REFUERZO POSITIVO**</u>: **Aprendiz ¿Cómo sabe el sujeto (paciente** o **participante) si lo que está realizando en un momento determinado, lo está haciendo correctamente?** Está es una pregunta que a menudo suele pasar por la mente de la persona, bien sea consciente o inconscientemente. Por tal razón, es de vital importancia que la persona que está recibiendo las **sugestiones** e **inducciones**, **sepa que lo que está pasando, ocurriendo** o **realizando en el proceso del trance hipnótico**, es precisamente lo que tiene que ocurrir. *Para ello, reforzaremos continuamente las acciones del* **sujeto (paciente** o **participante)** *con palabras y afirmaciones positivas tales como:* **"Eso es, muy bien"**, **"excelente, lo**

estás haciendo genial", "correcto, así es lo estás haciendo muy bien". __**POR EJEMPLO**__*: Si vemos que de repente realiza un movimiento brusco, reforzaremos esa acción, como si eso fuera algo normal, "**Eso es, muy bien**", siente como ese movimiento hace que entres más y más en un estado de trance profundo, "**Correcto lo estás haciendo muy bien**".*

__ASOCIACIÓN__: Debemos asociar nuestras **sugestiones** e **inducciones** a las **experiencias internas** y **externas** del sujeto *(paciente o participante). **__SI POR EJEMPLO__** Hay algún ruido en el exterior que esta fuera de nuestro control, entonces podemos usar ese sonido a nuestro favor; sugiriéndole que si "**Escucha**" cualquier ruido del exterior, hace que se centre más y más en su paz interior – Si al contrario el sujeto **(paciente** o **participante)** realiza cualquier movimiento brusco o involuntario como por ejemplo un ligero parpadeo o movimiento del brazo – Puedes sugerirle que, "**Sienta**" como con cada parpadeo que realiza o con cada movimiento del brazo le permite entrar más y más en el estado de trance hipnótico deseado.* Y así de esta manera, utilizamos las **situaciones internas** y **externas** de la persona, y las asociamos positivamente al contexto de nuestra sesión hipnótica, permitiendo que cada circunstancia que sucede a nuestro alrededor se convierta en nuestro aliado.

__UTILIZACIÓN DE METÁFORAS__: Aprendiz; las metáforas, son un **lenguaje figurado** y **alegórico** que funciona muy bien como un excelente **recursos persuasivo** en la **comunicación hipnótica**, que nos permite **asociar subconscientemente** un **estado mental deseado** o **estado de consciencia alterado** a un hecho cotidiano, que permite al sujeto *(paciente o participante)* estimular potencialmente su **REALIDAD ALTERNA SUBJETIVA** ayudándole de esta manera, a conseguir estimular y desarrollar respuestas **ideo motoras**, **ideo sensoriales**, e **ideo-emocionales** a un **nivel inconsciente** y provocar activar su **REALIDAD ALTERNA SUBJETIVA**; y de esa forma, es mucho más sencillo que el sujeto *(paciente o participante)* reciba la *[**guía**, **instrucción**, **sugerencias**, **sugestiones hipnóticas** e **inducciones directas** o **indirectas**]* que le estamos ordenando. __**POR EJEMPLO**__: *"**IMAGÍNATE** que tus* **(dedos)** *o* **(manos)** *son dos **fuertes imanes magnéticos** que se **atraen uno del otro**, y que entre más se acercan, más las **gravedad magnética los atrae entre sí**",* eso es correcto, lo estás haciendo bien *"**IMAGÍNATE** que tus* **(dedos)** *o* **(manos)** *están **completamente pegadas**, que se **fusionan fuertemente** y **se unen o pegan como si estuvieras usando un poderoso pegamento** que los mantiene **completamente unidos**"* así es, correcto lo estás haciendo muy bien.

__REPRESENTACIÓN DE LOS SISTEMAS SENSORIALES__: Debemos adaptarnos al **sistema sensorial** o **submodalidades representacionales** del sujeto *(paciente o participante)*, bien sea que este sea "**Visual**, se representa con lo que **VE**; **Auditivo** se representa con lo que **OYE**; o **Kinestésico** se representas con sus emociones, sentimientos y sensaciones que **SIENTE**". Cuando la **HIPNOSIS** se realiza en grupo entonces tendremos que hacer referencia **MULTI-SENSORIAL** a los tres estados principales que son *(**Vista, Oído** y **Sensaciones**)*.

Algunos ejemplos de los apartados que podemos utilizar en nuestras **sesiones hipnóticas** o **show de espectáculos** serían las siguientes.

Observa como todo lo que pasa a tu alrededor te hace estar más y más relajado.
Escucha como todo lo que pasa a tu alrededor te hace estar más y más relajado
Siente como todo lo que pasa a tu alrededor te hace estar más y más relajado.

<u>**REPRESENTACIÓN VERBAL o COMUNICACIÓN ORAL**</u>: El poder de la **PALABRA HABLADA** es nuestro mayor aliado aprendiz; por tal razón, **nuestra voz**, el **ritmo**, la **cadencia**, el **timbre**, el **volumen** y la **entonación** deben representar armoniosamente lo que nuestra palabra hablada dice. ***<u>POR EJEMPLO</u>***: *Si queremos **inducir** o **sugestionar** al sujeto (**paciente** o **participante**) a un estado de **SUEÑO HIPNÓTICO**, tendremos que decir frases como las siguientes: Entra más y más en un "**SUEÑO, SUEÑO, SUEÑO PROFUNDO**" "Eso es, muy bien", "excelente, lo estás haciendo genial" AHORA "**DUERME PROFUNDAMENTE**"*

*La primera **inducción** o **sugestión** la hacemos con un tono o volumen de voz baja, suave, susurrante y cálida; la segunda, que es la orden hipnótica directa que queremos provocar, la pronunciamos después del refuerzo que utilizamos para entrelazar una oren de la otra; pero esta vez, con un tono o volumen de voz más alta y con autoridad.*

*Sin embargo, si lo que queremos es **inducirle** o **sugestionarle** al sujeto (**paciente** o **participante**) a entrar en un estado de **RELAJACIÓN PROFUNDA**, tendríamos que pronunciar frases y oraciones compuestas como las siguientes: A partir de ahora, quiero que sientas cómo te **RELAJAS PROFUNDAMENTE**, y te sientes más y más **RELAJADO** hasta el grado que experimentas una **PAZ** y un **RELAX INTERIOR**; así es, correcto lo estás haciendo muy bien.*

*Estas frases debemos pronunciarlas con un tono, ritmo, cadencia y entonación de voz que expresar sutilmente el estado de relax y paz interior que deseamos provocar en el interior de su **mente consciente** y **subconsciente**.*

<u>**VOZ HIPNÓTICA**</u>: Aprendiz, como **HIPNOTIZADORES PROFESIONALES**, bien sea que seamos *(**hipnotistas callejeros**, **hipnotizadores en show de espectáculos**, **hipnólogos clínicos** o **hipnoterapeutas especialistas**)* siempre tenemos que hacer uso de **dos (2) tipos de voz**, nuestra **VOZ HABITUAL** *(que es la que utilizamos en nuestra interacciones diarias)* y nuestra **VOZ HIPNÓTICA** *(que es la **VOZ PERSUASIVA** que utilizamos en nuestra **sesiones** o **show** para inducir el trance)*. De esa manera, cada vez que el sujeto *(**paciente** o **participante**)* escuche nuestro **TONO DE VOZ HIPNÓTICO**, le será mucho más fácil reconocerlo y acceder subconscientemente al estado de trance deseado.

<u>**AUMENTA TÚ CÍRCULO DE POTENCIA Y TÚ NIVEL DE FUERZA**</u>

<u>**(FP´s)**</u>: *Aprendiz; aumentar tú **CÍRCULO DE POTENCIA** y tú **Nivel de Fuerza** o **Nivel de Autoridad** a un **NIVEL SUPERIOR (FP)** te permite desarrollar tus **habilidades hipnóticas** al siguiente nivel, (a otro nivel amigo mío) ¿**Me entiendes**?... ¿**Te IMAGINAS lo que puedes lograr**?*

*Esto les permite crear **órdenes directas** e **indirectas**, **inducciones** y **sugestiones** de manera más óptima y efectiva, subiendo paulatinamente en los **GRADOS DE HIPNOSIS**. Es decir, que logran ascender desde el **CÍRCULO DE POTENCIA** y su **Nivel de Fuerza** o **Nivel de Autoridad** a un **NIVEL SUPERIOR FP0 y FP1**, hasta **FP5** y superiores, lo que les faculta producir ciertos **FENÓMENOS HIPNÓTICOS** que de otra manera fuera imposible.*

> *Aprendiz, este principio es uno de los ELEMENTOS AVANZADOS MÁS IMPORTANTES A TENER EN CUENTA A LA HORA DE PROFUNDIZAR E INDUCIR ESTADOS HIPNÓTICOS EN LOS GRADOS MÁS ELEVADOS DE LA HIPNOSIS.*
>
> *Por tal razón aprendiz, he escrito todo un capitulo completo sobre este punto en particular. La **HIPNOSIS** es todo un **arte magistral** y deseo compartirte las **técnicas avanzadas** que en su mayoría son reservadas en otros libros y omitidas en muchos de los cursos presenciales. Así que más adelante, compartiré lo que nunca antes ningún **(hipnotista callejero, hipnotizador en show de espectáculos, hipnólogo clínicos o hipnoterapeuta especialista)** comparte publica y abiertamente... ¿**Te gusta la idea de aprender estas técnicas avanzadas verdad**? Si. Ok entonces, sin más preámbulos continuemos.*

<u>ENCUENTRA TU PROPIO ESTILO Y DESARRÓLLALO</u>: Aprendiz; este elemento, es el más importante a tener en cuenta a la hora de comenzar a inducir y crear estados hipnóticos. Mi experiencia personal en el maravilloso mundo de la **HIPNOSIS**, me ha enseñado que para ser un buen **HIPNOTIZADOR** o **HIPNOTERAPEUTA** primero debes convertirte en **EL HIPNOTISTA**; es decir, **sentir**, **pensar** y **actuar** como **EL HIPNÓLOGO** que QUIERES LLEGAR A SER. O en otras palabras, verte a ti mismo como el **Hipnotista**, **Hipnotizador**, **Hipnólogo** o **Hipnoterapeuta** que PUEDES LLEGAR A SER. *Ten siempre presente que tu actitud, carisma, confianza y seguridad en ti mismo tienen mayor peso que cualquier guion terapéutico, charla pre-hipnótica, truco lingüístico, técnica de inducción, sugestión, patrones o comandos hipnóticos. Ya que estos, solo son elementos que utilizaras como profesional para reforzar tu presentación; bien sea en tus **sesiones de hipnosis clínica terapéuticas**, o en tus **show de hipnosis callejera y de espectáculo**, pero recuerda que será siempre tu actitud, carisma, confianza y seguridad personal la que te **consolidara y posicionara** finalmente como el **HIPNOTISTA**, el **HIPNOTIZADOR**, el **HIPNÓLOGO** o el **HIPNOTERAPEUTA** tanto frente a tu audiencia y público en general, así como en tus respectivas sesiones de hipnosis.*

*Para comenzar a crear tú propio estilo, lo primero que debes hacer es identificar cuál de las diferentes especialidades hipnóticas vas a elegir para iniciar tu camino. Y estas opciones pueden ser: Darte a conocer como **hipnotista en eventos de hipnosis callejera**, o convertirte en un **hipnotizador de hipnosis de teatro o show de espectáculos**; o si así lo prefieres puedes optar por titularte universitariamente y ejercer profesionalmente como **hipnólogo clínico** o **hipnoterapeuta especialista**. Pero sea cual sea, la decisión que tomes, siempre debes prepararte, tomar acción y hacer que las cosas sucedan, para que así puedas SER el mejor en la área que elijas.*

Otra de las cosas que debes hacer para **ENCUENTRA TU PROPIO ESTILO Y DESARRÓLLALO** es elegir el tipo de hipnosis que vas a usar para iniciar tu camino como **HIPNOTISTA, HIPNOTIZADOR, HIPNÓLOGO** o **HIPNOTERAPEUTA**. *Entre las diferentes y múltiples opciones que existen puedes especializarte en: Hipnosis Clásica, Hipnosis Freudiana, Hipnosis de Espectáculo, Hipnosis Clínica, Hipnosis Terapéutica, Hipnosis de inducción Indirecta, Hipnosis Ericksoniana, Hipnosis Psicolingüística, Hipnosis con Programación Neurolingüística, Hipnosis Conversacional o la combinación de ellas según tus gustos, preferencias, estilo y forma de ser. Y hasta combinarlas también según la situación y la ocasión lo requiera.* Recuerda la **HIPNOSIS** te ofrece un sin fin de opciones y de probabilidades ilimitadas, así que aprovéchalas a tu favor en tu camino hacia la excelencia personal.

*Estos solo son algunos de los principios básicos más elementales e importantes al tener presente en una **sesión de hipnosis clínica** o **hipnoterapeuta**, así como también en los **show de hipnosis callejero** o de **espectáculo**.* Como he dicho anteriormente **este libro es solo una pequeña guía de referencia teórica-práctica**, para introducirte en este maravilloso mundo de la **HIPNOSIS**. Es por esta razón, que he visto oportuno, compartir contigo solo los más significativos e importantes primeros pasos y elementos básicos de la hipnosis.

Bueno APRENDICES, ¡Esto **ha sido todo por ahora**! Mucha suerte con los ejercicios, son varias las tareas que tienes que realizar. Si tienes alguna duda para realizar los diferentes ejercicios, tareas y asignaciones *(Sabes que siempre puedes contar conmigo para cualquier cosa, soy tu maestro, y estoy aquí para guiarte por el camino a la excelencia en este maravilloso viaje hacia tu destino... QUE ES "CONVERTIRTE EN UNO DE LOS MEJORES HIPNOTIZADORES DEL MUNDO")...*

Si hay algo que tal vez aún no entiendas; tranquilo aprendiz es normal, todo se aprende paso por paso, poco a poco. A medida que vas poniendo en práctica estas enseñanzas, es en esa medida que iras asimilando cada principio, y a medida que vas asimilando cada principio, estos se harán cada vez más parte de ti... **hasta que Pufs** lo realizas naturalmente... Y esto aprendiz es lo más maravilloso que podrás experimentar, cuando veas lo que has logrado, gracias a tu esfuerzos, disciplina, constancia y perseverancia... *Bueno recuerda que "Si tienes alguna pregunta, puedes publicarla en mi **Website**" o "**Escribirme directamente a mi Correo (E-mail)**".*

MásterCoach.YlichTarazona@gmail.com
http://www.reingenieriamentalconpnl.com

*Si te ha gustado este **curso práctico de hipnosis**, y deseas "**contribuir**" con tu **aporte**, para **apoyarme** a seguir realizando este maravilloso trabajo, que con todo el cariño, preparado para ustedes. Puedes hacerlo a través del siguiente Link o Enlace.*

http://bit.ly/PaypalDonacion
Gracias por tu Contribución

- 90 -

SEXTO CAPITULO: CÍRCULO DE POTENCIA, NIVEL DE FUERZA, NIVEL DE AUTORIDAD O NIVEL SUPERIOR (FP´s)

Hola que tal APRENDIZ, hemos llegado a uno de los capítulos más importantes para aprender a dominar la **HIPNOSIS** como un profesional. Y es el amentar tú **CÍRCULO DE POTENCIA** y tú **Nivel de Fuerza Mayor** o **Nivel de Autoridad** a un **NIVEL SUPERIOR (FP)**. *Estas **técnicas** y **conocimientos avanzados** te permitirán desarrollar tus **habilidades hipnóticas** al siguiente nivel.*

*Esto quiere decir aprendiz, que estos **conocimientos** y **técnicas avanzadas** te permitirán crear **órdenes directas** e **indirectas**, **inducciones subjetivas** y **sugestiones efectivas** de manera más óptima y eficaz en la **escala ascendente** de los **NIVELES DE LA HIPNOSIS**. Subiendo paulatinamente en los **GRADOS DE HIPNOSIS MAYORES**; logrando ascender desde un **CÍRCULO DE POTENCIA** o **Nivel de Fuerza Menor**, a un **Nivel de Autoridad Mayor** o **GRADO** y **NIVEL SUPERIOR** de **HIPNOSIS**. Lo que te permitirá literalmente ir ascendiendo gradualmente desde un **FP0, FP1, FP2**, hasta **FP5, FP6, FP7** y **superiores**. Lo que te facultará generar ciertos **FENÓMENOS HIPNÓTICOS** que de otra manera fuera imposible provocar, sin el conocimiento previo de estas técnicas avanzadas.*

Este principio es uno de los ELEMENTOS AVANZADOS MÁS IMPORTANTES a tener en cuenta a la hora de PROFUNDIZAR e INDUCIR ESTADOS HIPNÓTICOS EN LOS GRADOS o NIVELES MÁS ELEVADOS DE LA HIPNOSIS. Por tal razón, he escrito todo un capitulo completo sobre este punto en particular, así que sin más preámbulos comencemos.

En la **PRÁCTICA DE LA HIPNOSIS**, se ha comprobado que **CADA ORDEN** que se le da al sujeto *(paciente o participante)* tiene la **FUERZA ACUMULATIVA** de todas las **inducciones** y **sugestiones** anteriores, que se le han dado. Este proceso acumulativo de **sugestiones**, **inducciones**, **órdenes directas** e **indirectas**, **patrones hipnóticos** y **comandos encubiertos** aumentará tú **CÍRCULO DE POTENCIA** y tú **Nivel de Fuerza** a un **Nivel de Autoridad Mayor**; es decir, a un **NIVEL** o **GRADO SUPERIOR** de **HIPNOSIS** más avanzada que te permitirá desarrollar tus **habilidades hipnóticas** de manera más poderosa; bien sean en tus **sesiones de hipnosis terapéutica** o en tus **show de hipnosis de espectáculos**.

Ahora para continuar aprendiz, y profundizar más en este tema; lo primero que voy a explicarte son los diferentes **GRADOS** o **NIVELES DE LA HIPNOSIS**. *Los **Grados** o **Niveles Hipnóticos** se les conocen como "FP". El dominio de los "FP" es lo que te permitirá ir ascendiendo en tu **CÍRCULO DE POTENCIA** o tú **Nivel de Fuerza** a un **Nivel de Autoridad Mayor**. Es decir, a un **NIVEL SUPERIOR** en los **GRADOS** o **NIVELES** de la **HIPNOSIS**.* En otras palabras, los "FP" son la **INFLUENCIA** que tienes y el **PODER PERSUASIVO** que ejerces en la práctica real, al momento de generar órdenes, sugestiones e inducciones hipnóticas.

LOS GRADOS o NIVELES DE LA HIPNOSIS – Según los (FP´s)

FP0.- Es el primer **GRADO** o **NIVEL de la HIPNOSIS**, es decir es el estado sugestionable en el que nos encontramos en todo momento. Se puede decir que es el estado de vigilia en la que estamos alerta de toda la información que llega a nosotros a través de los 5 sentidos, y estamos lo conscientemente atentos como para aceptar o no una idea, opinión o sugerencia que recibimos en nuestro entorno.

FP1.- Aprendiz; el **GRADO** o **NIVEL** *"FP1"* es cuando comenzamos nuestro proceso comunicativo; es decir, cuando comenzamos sutilmente a transmitir en nuestras conversaciones nuestras ideas, opiniones o sugerencias, de tal manera que las personas con quienes entramos en contacto comienzan a aceptarlas de manera consciente. ***Te daré DOS (2) EJEMPLOS****: 1º Es el "FP" más común; es el "FP1" que utilizamos a diario en nuestras conversaciones, lo que nos permite comunicar nuestras ideas, pensamientos, sentimientos, opiniones o sugerencias a las personas o sujetos con quienes entramos en contacto y nos relacionamos a diario, bien sean estos amigos, conocidos, familiares y hasta extraños. Y esto sucede de forma y manera inconsciente muchas veces, cuando por ejemplo pedimos la hora a un completo extraño y esta nos responde amablemente, cuando sugerimos una película a un buen amigo y este accede a verla gustosamente, cuando le compartimos a una persona cercana un pensamiento o un sentimiento y somos escuchados, y finalmente cuando compartimos una idea en un grupo, en nuestro trabajo o centro de estudio y esta es recibida y aceptada por todos ¿**COMPRENDES LA IDEA VERDAD**? Es decir, que el "FP1" es el **NIVEL** o **GRADO de HIPNOSIS** en el que influimos; y por el cual, al mismo tiempo somos influenciados diariamente en nuestras interacciones y conversaciones con los demás.- En el **2º EJEMPLO**, se aplica el "FP1" a la **HIPNOSIS** como tal. Por ejemplo cuando comenzamos nuestro **proceso hipnótico** con un sujeto (**paciente** o **participante**) y empezamos a alcanzas un nivel de fuerza o influencia positiva en la persona; de tal manera que el sujeto con quien estamos interactuando comienza a acceder a nuestras sugerencias, lo que nos permite comenzar a darles órdenes básicas y este empieza a aceptar nuestras sugestiones y a dejarse llevar voluntaria y conscientemente por las inducciones que les damos. En este punto, le puedes ordenar al (**paciente** o **participante**) que cierre los ojos, y este lo hará. Le puedes sugerir que sus parpados comienzan a estar más y más cansados y pesados; y que a medida que se relaja profundamente, y se deja llevar por esta sensación de bienestar sus ojos comenzaran a parpadear más y más frecuentemente, hasta sentir el deseo y la necesidad de cerrarlos por completo. Y una vez cerrados sus ojos estarán tan relajados, que ya no podrá abrirlos. En este punto, si el sujeto siguió nuestras instrucciones correctamente, la persona puede intentar abrir los ojos pero no podrá hacerlo, ya que ha aceptado la sugestión de que están tan relajados y pegados que se les hace normal no poder abrir los ojos, lo que le permite sumergirse más y más en el* **estado hipnótico deseado** *"FP1" y se abre a ser introducido a un* **Nivel de Fuerza** *a un* **Nivel de Autoridad Mayor**. *Es decir, a un* **NIVEL SUPERIOR** *de "FP2" ¿**Ahora ya comprendes la idea verdad**? Esto es lo que conocemos como* **CÍRCULO DE POTENCIA** *"FP". Es decir, este es el primer* **grado** *o* **nivel hipnótico***, el "FP1".*

FP2.- Aprendiz, el **GRADO** o **NIVEL** "**FP2**" es cuando alcanzas un **Nivel o Grado de Fuerza** a un **Nivel de Autoridad Mayor** en la **HIPNOSIS**. Es decir, que aumentas tu **CIRCULO DE POTENCIA** o **NIVEL SUPERIOR** de **INFLUENCIA** y **PERSUASIÓN** sobre el sujeto, de manera que puedes ordenarle a su **MENTE SUBCONSCIENTE** que comience a **MOVER UNO DE SUS DEDOS** o a **LEVITAR UNA DE SUS MANOS**. Y la persona en cuestión; puede empezar a sentir según sea el caso o la orden recibida, bien sea a comenzar a sentir el *temblor de unos de sus dedos*, o sentir literalmente como *empieza a flotar una de sus manos* de forma **INCONSCIENTE**, solo a través del poder de su **MENTE SUBCONSCIENTE** y su capacidad de **IMAGINAR** y **RECREAR** la situación que le hemos ordenado.

Por lo que a este **grado** o **nivel** de **INFLUENCIA** y **PERSUASIÓN** ejercida sobre el sujeto, puedes decirle u ordenarle algo cómo: *Quiero que comience a notar como uno de "**Tus dedos se empieza a mover**", o una de "**Tus manos comienza a levitar**", vas a notar como uno de "**Tus dedos comienza a temblar**" o una de "**Tus manos empieza a flotar**" y literalmente si la persona en cuestión ha seguido nuestras instrucciones previamente; y ha accedido a seguir nuestras ordenes con anterioridad, lo más seguro es que en **el dedo del sujeto se comenzara a producir una leve sensación de temblor** y sentirá como empieza a mover el dedo, o en el caso de la levitación del brazo, **comenzara a sentir como poco a poco el brazo le obedece, hasta el grado de levantarlo completamente** solo con el poder de su **MENTE SUBCONSCIENTE** y su capacidad de **IMAGINAR** y **RECREAR** la situación.*

Aprendiz; a tal grado será su **nivel** de **hiper-sugestionabilidad, que esta le obedece y cumple la orden recibida y crea esa realidad subjetiva**; de tal manera, que aunque el sujeto quisiera **no mover el dedo** o **bajar el brazo** ya no podrá hacerlo, porque ya ha **aceptado la orden subconscientemente** y su **MENTE** produjo el efecto esperado. *Lo cual es algo que impresiona muchísimo a los sujetos (**pacientes** o **participantes**), pues están experimentando un **FENÓMENO HIPNÓTICO REAL** que le permite tener mayor control sobre su **MENTE SUBCONSCIENTE**; es decir que les permite tomar mayor control sobre sí mismo, al grado de hacer realidad la orden establecida; y experimentar el **estado hipnótico deseado** "**FP2**".* Lo que abre la puerta a un **Nivel de Fuerza** a un **Nivel de Autoridad Mayor**. Es decir, a un **NIVEL SUPERIOR** de "**FP3**" ¿**Viste que interesante y poderoso es comprender estos conceptos y aplicarlos correctamente**? Esto amigos míos, es lo que conocemos como **CÍRCULO DE POTENCIA** "**FP**". Es decir, este es el segundo **grado** o **nivel hipnótico**, el "**FP2**".

FP3.- Para seguir con la idea anterior, podemos afirmar contundentemente que el "**FP3**" es un **GRADO de Fuerza Superior** de un **NIVEL de Autoridad Mayor** que la anterior "**FP2**". Es decir, que el "**FP3**"aumenta considerablemente el **CIRCULO DE POTENCIA** o **GRADO** y **NIVEL SUPERIOR** de **INFLUENCIA** y **PERSUASIÓN** sobre el sujeto y así sucesivamente ¿*Ves lo que quiero decir*? *Que a medida que vas subiendo en los **GRADOS** o **NIVEL** de "**FP**" tu poder de **INFLUENCIA** y **PERSUASIÓN** ejercida sobre el sujeto va aumentando también, ¿**Escuchaste bien lo que estoy diciendo**? Al incrementar tu "**FP**" aumentar también tu **PODER HIPNÓTICO**.*

<u>**FP3**</u>, <u>**FP4**</u>, <u>**FP5**</u>.- Aprendiz; a partir de los **GRADOS** o **NIVELES de HIPNOSIS** "**FP3**", "**FP4**" "**FP5**" se comienzan a producir los mayores **FENÓMENOS HIPNÓTICOS**. *Es decir, en estos GRADOS o NIVELES de HIPNOSIS "FP3", "FP4" "FP5" es donde se comienza a ejercer un mayor control sobre la MENTE SUBCONSCIENTE del sujeto, y se producen los fenómenos de TRANCE HIPNÓTICO LEVE o SUPERFICIAL Z1, el TRANCE HIPNÓTICO MEDIO o CATALÉPTICO Z1-Z2 y TRANCE HIPNÓTICO UMBRAL o SONAMBÚLICO Z2.* De tal manera, que la **MENTE SUBCONSCIENTE** del sujeto comienzan a seguir más fácilmente las **órdenes**, **instrucciones**, **sugestiones** e **inducciones** que le da el **HIPNOTIZADOR**.

*Y es a partir de aquí, mis apreciados aprendices, donde comienzan a producirse los verdaderos **recursos persuasivo** en la **comunicación hipnótica**. Ya que estos* **GRADOS** o **NIVELES de HIPNOSIS** "**FP3**", "**FP4**" "**FP5**" *son quien nos permiten **asociar subconscientemente** un **estado mental deseado** o **estado de consciencia alterado** a un hecho cotidiano, que permite al sujeto (**paciente** o **participante**) estimular potencialmente su **REALIDAD ALTERNA SUBJETIVA** ayudándole de esta manera, a conseguir estimular y desarrollar respuestas **ideo motoras**, **ideo sensoriales**, e **ideo-emocionales** a un **nivel inconsciente superior** y provocar activar su **REALIDAD ALTERNA SUBJETIVA**; y de esa forma, es mucho más receptivo el poder del sujeto (**paciente** o **participante**) para recibir la [**guía**, **instrucción**, **sugerencias**, **sugestiones hipnóticas**, **inducciones** y **órdenes directas** o **indirectas**] que le estamos estableciendo.*

Estos **GRADOS** o **NIVELES de HIPNOSIS** "**FP3**", "**FP4**" "**FP5**" son **procesos hipnóticos**, que están estrechamente relacionados a ciertas **técnicas avanzadas de inducciones** y **sugestiones verbales usadas estratégicamente** por los especialistas, sean estos **hipnólogos clínicos (hipnoterapeutas)** o **hipnotistas de show de teatro (hipnotizadores callejeros)**, para causar ciertos **fenómenos hipnóticos** de mayor nivel en el individuo. *Como la atención del sujeto (**paciente** o **participante**) se enfoca en el **poder de la palabra hablada** del HIPNOTIZADOR; este eventualmente a través de las **sugestiones verbales** y las **inducciones hipnóticas** se sobreimpone a la **voz interior** del sujeto en cuestión, ayudándole a desarrollar respuestas de "hiper-sugestionabilidad", "hiper-creatividad", "hiper-imaginación" "hiper concentración" e "hiper-relajación".* Convirtiéndose todos estos elementos en una herramienta efectiva para conseguir el **ESTADO HIPNÓTICO DESEADO**, en la que el individuo entra en un **estado amplificador de respuesta** o **profundizador de las experiencias sugestivas** que les permite al sujeto (**paciente** o **participante**) experimentar transformaciones personales de un modo mucho más eficaz, efectivo y de manera más sencilla, que si realizara el mismo procedimiento hipnótico en el **ESTADO de ALERTA** o **ESTADO de VIGILIA**.

<u>**FP5**</u>, <u>**FP6**</u>, <u>**FP7**</u>.- (**También llamados** "**ESTADOS HIPNÓTICOS MAYORES**") ya que se les consideran en la **HIPNOSIS** como uno de los **GRADOS** o **NIVELES** más **ALTO** o **SUPERIORES** de los que se puede alcanzar. Aprendiz, en estos **GRADOS** o **NIVELES** de "**FP**" se ha logrado alcanzar un dominio sobre el cuerpo y la mente del sujeto. Y es aquí, mis apreciados lectores donde tenemos la faculta de poder

ordenar al sujeto a cacaraquear cómo una gallina si así lo quisieras; y la persona cumpliría la orden sin objeción ¿**Qué interesante cierto**? - *Aunque como es lógico; claro está, estos niveles o grados tienen también muchos otros usos más prácticos e interesantes.* ___COMO POR EJEMPLO___: *Los monjes tibetanos y budistas; usan este poder,* **GRADOS** *o* **NIVELES de HIPNOSIS** *"FP5", "FP6" y "FP7" para darse la orden de ir caminando de una ciudad a otra sin cansarse. Y así, sus cuerpos van en "automático" caminando, mientras sus mentes pueden estar soñando, meditando, o pensando en cualquier otra cosa. Y así, sus cuerpos llegan en perfecto estado hasta su lugar de destino, mucho más rápido que como lo harían normalmente; y además lo hacen sin cansancio o fatiga física, puesto que en estos estados el cuerpo se mantiene en un total* **predominio parasimpático***. Es decir, en un* **"estado de hiper concentración"** *(ONDAS ALFA / ALPHA = Entre 8 a 13 Hz, ciclos por segundo o cps) y un* **"estado de descanso"** *de y de* **"hiper-relajación"** *(ONDAS ZETA / THETA = Entre 4 a 7 Hz, ciclos por segundo o cps). ¿Comprendes ahora el poder que tienes en tus manos, al aprender a dominar estos* **GRADOS** *o* **NIVELES de HIPNOSIS** *"FP5", "FP6" y "FP7"?*

Estos **GRADOS** o **NIVELES de HIPNOSIS** "FP5", "FP6" y "FP7" son ideales también para activar los **Sueños Lucidos**, realizar **Viajes Astrales** o intentar **Experiencias Extracorporales**; puesto que en estos **ESTADOS HIPNÓTICOS** o **ESTADOS ALTERADOS DE CONSCIENCIA**, la mente tiene un mayor control sobre el cuerpo físico y etéreo; de una manera, mucho más transcendental, que como lo haría conscientemente en el **ESTADO ALERTA** o **ESTADO DE VIGILIA**.

__FP8__, __FP9__, __FP10__.- (**También llamados** "ESTADOS HIPNÓTICOS DE ALTO NIVEL"). Los siguientes **GRADOS** o **NIVELES de HIPNOSIS** "FP8", "FP9" "FP10" son lo **ESTADOS ALTERADOS DE CONSCIENCIA** que en los **Colegios de Hipnosis** se considera "Imposible". *Las teorías de los* **GRADOS** *o* **NIVELES de HIPNOSIS** *"FP8", "FP9" "FP10" considera y afirma que el* **estado hipnótico** *es un* **estado real, único, separado** *y* **distinto** *del estado normal de vigilia. Por tal razón, estos* **estados hipnóticos, grados** *o* **niveles de hipnosis** *"FP8", "FP9" "FP10" puede ser* **creado** *y* **producido artificialmente** *mediante el proceso correcto de* **inducción hipnótica***, que altera la* **experiencia subjetiva** *y* **fenomenológica** *de la persona en cuestión.*

Aprendiz, esta teoría afirma que al amentar el **CÍRCULO DE POTENCIA** y los **Niveles de Fuerza Mayor** a un **Nivel de Autoridad** o **NIVEL SUPERIOR** (FP) permitirá al especialista *(hipnotista callejero, hipnotizador de espectáculo, hipnólogo clínico o hipnoterapeuta)* a desarrollar sus **habilidades hipnóticas** al siguiente nivel; limitando así, el **factor crítico de la mente** del sujeto *(paciente o participante)* y alterando la **atención consciente** del individuo a través de las **sugestiones** e **inducciones** que se les ofrecen ascendente y progresivamente.

Esta teoría de los **niveles de hipnosis** *"FP8", "FP9" "FP10"* también afirma que hay múltiples **sistemas cognitivos** que normalmente trabajan de forma sinérgica y holística bajo un control primario. *Y que durante la* **HIPNOSIS***, los* **subsistemas** *normalmente integrados entre sí, se* **disocian** *unos de otros u diversas escalas y son capaces de dar respuestas simultáneas e independientes a múltiples grados de consciencia alterada, ante las* **órdenes, sugestiones** *e* **inducciones** *declaradas por el* **hipnotizador***.*

<u>GRADOS y NIVELES DE LA HIPNOSIS (FP´s) "continuación"</u>

Bueno mis apreciados aprendices como, hemos aprendido en los apartados anteriores, a medida que como especialista *(hipnotista callejero, hipnotizador de espectáculo, hipnólogo clínico o hipnoterapeuta)* aumentamos nuestro **CÍRCULO DE POTENCIA** o **Nivel de Fuerza** a un **Nivel de Autoridad Mayor** o **NIVEL SUPERIOR** de **HIPNOSIS.** Nos facultamos a nosotros mismo literalmente; a ir escalando o ascendiendo gradualmente desde los niveles **FP0, FP1, FP2,** hasta los grados **FP5, FP6, FP7** y **superiores.** Lo que nos permitirá generar ciertos **FENÓMENOS HIPNÓTICOS** que de otra manera son imposible provocar, sin el conocimiento previo de estas técnicas avanzadas.

*Es decir; campeones y campeonas, siguiendo con la idea de los apartados anteriores. Uno por más especialista que sea en algunas de las especialidades o disciplinas de la hipnosis, bien sea (**hipnotista callejero, hipnotizador de espectáculo, hipnólogo clínico** o **hipnoterapeuta**), no podríamos coger a una persona en medio de la calle al azar, y luego ordenarle directamente que se ponga a **cacarear como una gallina** o mandarle a que se **relaje profundamente** y que se **DUERMA**... ¡Porque esta persona probablemente, No lo hará! ¿**Cierto**?...*

*Sin embargo, si el sujeto, bien sea un (**participante** o **paciente**) está dispuesto a colaborar voluntariamente con nosotros en un **show de hipnosis de espectáculo** o en una **sesión de hipnosis clínica**; y tú como **HIPNOTIZADOR**, has seguido previamente todos los pasos anteriores que te he enseñado, y has aumentado progresivamente tu **CÍRCULO DE POTENCIA** o **Nivel de Fuerza** a un **Nivel de Autoridad Mayor** en los **NIVELES SUPERIORES** de la **HIPNOSIS.** Es más probable en aquel momento, que el sujeto en cuestión (**participante** o **paciente**), si ha demostrado su disposición a seguir tu [**guía, instrucción, órdenes y sugerencias**] y le has llevado correctamente por el **proceso pre-hipnótico adecuado**; entonces, es ahí, en ese preciso momento amigo mío, que si le mandas a realizar algo sencillo, como por ejemplo **CERRAR SUS OJOS, RESPIRAR** (inhalar o exhalar profundamente) y luego lo invitas a **RELAJARSE** y a profundizar en esa experiencia, te aseguro que lo hará. Una vez que hayamos logrado ese primer paso, ganándonos su confianza, y le hallemos dado otras pequeñas [**sugestiones hipnóticas** e **inducciones indirectas**] muy sutiles que haya aceptado poco a poco. La **MENTE SUBCONSCIENTE** del sujeto (**participante** o **paciente**) entonces comenzara a estar más predispuesta a recibir nuestras órdenes cada vez más. Y si en ese preciso momento le ordenamos de un modo muy sutil pero directo que **cacaraquee como una gallina** esa persona **SI que lo hará** ¿verdad? Por supuesto que sí lo hará; y las razones por la cual lo hará, son porque al recibir orden más pequeña, y después de haber aceptado las sugestiones anteriores, se predispuso inconscientemente a aceptar órdenes de mayor intensidad. Y esto mis queridos lectores es **HIPNOSIS EN POTENCIA**.*

Y si luego, para seguir con la idea anterior. Le siguieres otra inducción sencilla, y luego otra, y luego otra también pequeña y sencilla. Cuando ya has realizado varias de estas inducciones; y hayas alcanzado un buen **Nivel de Fuerza**, y un buen **Nivel de Autoridad Mayor** favorablemente. Puedes ordenarle que comience a sentir como su brazo comienza a levitar, y a sentir poco a poco como cada vez más su brazo se comienza a levantar, flotar y levitar suavemente; solo hasta entonces, su brazo se comenzara a levantarse, flotar y levitar. Porque ya se ha predispuesto a seguir tus indicaciones, lo que le permite entrar en un estado de **hiper-sugestionabilidad** que le faculta experimentar los **fenómenos hipnóticos** que les estas induciendo. Y si luego sigues dándole órdenes directas, sugestiones subjetivas e inducciones más o menos de ese mismo nivel, se irán cumpliendo cada una de ellas cómo parte de un todo. Y si, entonces, ya el sujeto *(paciente o participante)* está completamente abierto a tus inducciones y sugestiones, y le dices que se **RELAJE PROFUNDAMENTE** y luego le das la orden de que se **DUERMA** y les dices con una voz sutil pero con autoridad **DUÉRMETE** ¡Entonces esa persona, si está en el **estado hipnótico deseado**, la orden es aceptada por su **MENTE SUBCONSCIENTE**, así que lo hará! Y cumplirá tu orden ¿**Comprendes**?

> Ahí tienes **TODO** el "**SECRETO**" de la **HIPNOSIS. - PRIMERO** haces que la persona se relaje, se concentre en su respiración *(inhalación y exhalación)* y entre en el **ESTADO ALFA.** Luego comienzas a darle órdenes sencillas. Al principio a través de inducciones pequeñas, pero luego vas haciendo que esas sugestiones sean cada vez más grandes. *Finalmente cuando el sujeto (**paciente** o **participante**) se adentra en la experiencia hipnótica que está viviendo, le comienzas a dar órdenes, inducciones y sugestiones de un **Nivel de Fuerza** y un **Nivel de Autoridad Mayor**; ya que, su **MENTE SUBCONSCIENTE** está preparada y abierta a obedecerte, así que lo hará. ¿Te das cuenta?*

Lo bueno, aprendiz; es que esas **órdenes** o **inducciones,** NO necesariamente tienes que ser **sugestiones "Directas"**. Ya que las **órdenes**, las **inducciones** y las **sugestiones "pequeñas"** pueden ser cosas tan sencillas y fáciles de realizar o seguir como decirle al sujeto que *"Al escuchar mi voz, una parte de tu cuerpo se comenzará a relajar ahora mismo, entre más y más te concentras en mi voz, más y más comenzaras a sentir como disfrutas de este estado de relajación profunda, y más y más placentero y relajado te sentirás, y más y más disfrutarás de la experiencia, tanto así que esa relajación te hará sentir muy agradable y entraras en un estado de hipnosis cada vez más y más profundo ahora"* ¿**Te has fijado**?

UNA DE LAS CLAVES QUE TIENES QUE TENER SIEMPRE PRESENTE ES QUE: Cuando una persona entra en los estados de *(ONDAS ALFA / ESTADO ALPHA = Entre 8 a 13 Hz, ciclos por segundo o cps)* su cuerpo comienza a relajarse por sí solo. Con lo que teniendo este principio en cuenta; podrás decirle al sujeto en cuestión con toda seguridad que: *"A medida que escucha tu voz, una parte de su cuerpo se comenzará a relajar ahora mismo"* y de SEGURO que hay alguna parte de su cuerpo que ya se ha comenzado a relajar o que ya se está relajando. *Así que su* **subconsciente** *de manera intuitiva encuentra esa parte de su cuerpo que esta relajada o que se está relajando; y como* **el SUBCONSCIENTE es Muy Literal (CREE que se está relajando por la "ORDEN del HIPNOTIZADOR")**. *Y pufs el* **fenómeno hipnótico** *comienza a ocurrir.* Luego cuando le sugieres la siguiente orden *"Yo te ordeno que esa relajación sea cada vez más y más agradable y placentera"*, entonces el **subconsciente** *(Escucha tu orden, observa que se está produciendo tu predicción y siente como cada vez se siente más y más relajado; y que esa relajación es cada vez más y más placentera y agradable)* y ¡**Claro que es Placentera**! ¡**Toda Relajación es Agradable**! Pero el **subconsciente** no lo sabe, y lo más importante NUNCA "cuestiona la orden" cuando es transmitida correctamente. Por lo que piensa jamás cuestiona si *(esa sensación de bienestar lo hace el consciente mismo de la persona que acepta la sugestión)*, sino que simplemente el **subconsciente** sigue la orden y la obedece. Y cómo **VE, SIENTE** y **PERCIBE MULTI-SENSORIALMENTE** que eso es verdad, que la relajación se está produciendo en ese mismo instante, y que está siendo cada vez más y más agradable y placentera; entonces nuevamente vuelve a *(CREER que tú lo ordenaste, y hace que se incremente ese estado de relajación en la persona)* **¿Vas comprendiendo lo sencillo que es, si haces todo correctamente?**

Luego para **continuar con la inducción** y **PROFUNDIZAR** el **estado hipnótico deseado** puedes continuar diciendo algo como *"Al mismo tiempo que te relajas, yo te ordeno que tu respiración se valla haciendo cada vez más y más calmada, más y más serena cada vez".- "Cada vez que inhales, respirarás de forma más y más tranquila, y así con cada respiración que hagas, hará que tu trance hipnótico sea cada vez más y más profundo y placentero para ti".* **¿Qué crees que ocurre cuando se da esa orden?** Bueno, que el cuerpo como ya está en los estados de *(ONDAS ALFA / ESTADO ALPHA = Entre 8 a 13 Hz, ciclos por segundo o cps)* significa que ya está relajado automáticamente. Y cuando el cuerpo se relaja, la respiración por si misma SIEMPRE es más tranquila, relajada, profunda y serena. *Pero como el **subconsciente** está escuchando lo que tú dices, él piensa que es a través de las órdenes que lo que tú le estas dando, lo que hace "cumplir la orden" y por tanto el **subconsciente** nuevamente asocia tus ordenes con los resultados; y pufs el **fenómeno hipnótico** comienza a ocurrir de nuevo, y el **subconsciente** (CREE que "tú estás al mando" que "tú estás dando las órdenes" con lo que SE CUMPLE el segundo mandato de que "Cada vez que respiras, te sientes cada vez más y más relajado y que entre más y más relajado te sientes, más y más hipnotizado estas, y entre más y más hipnotizado estas, más y más entran en un estado hipnótico profundo, tan profundo, placentero y agradable como el sueño mismo". Lo que te hace sentir un SUEÑO profundo; y ese SUEÑO profundo te induce a DORMIRTE AHORA MISMO, así que DUERME) ¿Comprendes el poder de la sugestión? ¿Ahora ya entiendes el poder de aumentar e incrementar tu **CÍRCULO DE POTENCIA** o Nivel de Fuerza a un **Nivel de Autoridad Mayor** en los **NIVELES SUPERIORES** de la **HIPNOSIS**?*

Como hemos podido aprender hasta el momento. El **proceso hipnótico**; así como los **fenómenos hipnóticos** y la **capacidad hiper-sugestionable del subconsciente** de aceptar órdenes; es tan simple, como el hecho de implementar las órdenes correctamente en el ***CÍRCULO DE POTENCIA*** *o **Nivel de Fuerza** adecuado. Es decir, efectuar las órdenes acertadamente en los **Niveles de Autoridad Mayor**; o sea, en los **NIVELES SUPERIORES** de la **HIPNOSIS** en los momentos oportunos y en las circunstancias adecuadas y más favorables para el momento **¿Estás de acuerdo verdad?***

Cómo hemos podido comprobar hasta ahora, mis queridos y apreciados lectores, es muy sencillo aumentar progresivamente nuestro **CÍRCULO DE POTENCIA** o **Nivel de Fuerza** a un **Nivel de Autoridad Mayor** en los **NIVELES SUPERIORES** de la **HIPNOSIS**. *Así que mi invitación es que te pongas manos a la obra, comiences a tomar acción y hacer que las cosas sucedan. Y te aseguro que pronto te convertirás en el mejor **HIPNOTIZADOR** que puedes llegar a **SER**. Así que sin más preámbulos continuemos con el siguiente capítulo.*

> **FELICITACIONES APRENDIZ... HEMOS LLEGADO AL FINAL DE ESTE SEXTO CAPÍTULO.** *Ahora sí que comienza* **el aprendizaje** *de las* **técnicas de inducciones hipnóticas***, las* **pruebas encubiertas***, las* **pruebas de sugestionabilidad***, los* **convencedores** *y los* **profundizadores de estados hipnóticos** *que podrás aprovecharlos al máximo, si aprendes a:* **Aumentar tu CÍRCULO DE POTENCIA** y tú **Nivel de Fuerza Mayor** o **Nivel de Autoridad** a un **NIVEL SUPERIOR** de (**FP**).

<u>Para el siguiente capítulo...</u>

Daremos unas últimas pinceladas más a todos los conceptos y principios previamente estudiados hasta aquí, para que quede todo bien claro. También aprendiz, veremos cómo se hace una **sesión de hipnosis clínica terapéutica** y organizarte para preparar un **show de hipnosis de callejera o de espectáculo.**

Todo paso - a - paso; al más mínimo detalle, para no perdernos nada. *Al final de estos capítulos aprendiz, ya estarás en la capacidad de hacer y practicar* **HIPNOSIS***. Es decir;* **"HIPNOTIZAR** *a* **Cualquier Persona***, en* **Cualquier Momento** *y en* **Cualquier Lugar"** *en el* **CÍRCULO DE POTENCIA, Nivel de Fuerza Mayor, Nivel de Autoridad** y **NIVEL SUPERIOR** de (**FP´s**) que te propongas... *Ya que cuentas con las herramientas y todos los conocimientos necesarios para convertirte en el mejor* **HIPNOTIZADOR** *que puedes llegar a* **SER***. A partir de aquí en adelante aprendiz, todo queda en tus manos,* **creatividad**, **intuición** e **ingenio**, en aplicar estas **técnicas** y **metodologías** como mejor te parezcan, según las situaciones, contextos o circunstancias en las que estés presentado tus *sesiones de hipnosis clínicas* o tus eventos de *show de hipnosis callejera* y de *espectáculo.*

Para verificar y evaluar tus conocimientos, tendrás que hacer bien sea una **sesión de hipnosis clínica** o preparar un **show de hipnosis callejera**, como prefieras. Es decir, aprendiz, harás **HIPNOSIS** real. ¡Será de prueba para ti! puesto que realizaras todo el proceso en la realización de una **Sesión** o **Show de Hipnosis** que son: *(Inducir, profundizar, fenómenos hipnóticos, sugestión posthipnótica y procedimiento del despertar)* y luego comprobar los ¡estados o niveles de hipnosis por los que ha pasado! y el **CÍRCULO DE POTENCIA, Nivel de Fuerza Mayor, Nivel de Autoridad** o **NIVEL SUPERIOR** de (**FP´s**) que has logrado alcanzar. Así podrás evaluar tu propio progreso; ya que de esta manera, podrás saber que puedes corregir o mejorar y tener claro en que puedes apoyarte. Y si hubieres algo que manejaste correctamente, entonces listo, eso quiere decir que has asimilado muy bien el **curso de hipnosis práctica** y estás preparado a pasar al siguiente nivel...

Como ves aprendiz; ya falta muy poco para que **PUEDAS HACER UNA HIPNOSIS CORRECTAMENTE**. Otra vez más, quiero agradecerles tod@s ustedes por todo el interés prestado en este **curso de hipnosis práctica**. ^_^

Bueno APRENDICES, ¡ESTO **HA SIDO TODO POR AHORA**! Ya hemos llegado casi al final de nuestro **Curso De Hipnosis Práctica**... Wuao cómo pasa el tiempo y como hemos adelantado bastante. Aprendiz, si sientes preguntas o hay algunas cosas de lo que hemos aprendido, que te gustarías aclarar más *(Sabes que siempre puedes contar conmigo para cualquier cosa; soy tu mentor, y estoy aquí para dirigirte por el camino a la excelencia en este maravilloso viaje hacia tu destino... QUE ES "SER UNO DE LOS MEJORES HIPNOTIZADORES QUE PUEDES LLEGAR A SER")...* ^_^

Si hay algo que tal vez aún no comprendas o domines del todo; tranquilo aprendiz, como ya te he comentado antes es normal. Ten siempre presente que toda disciplina se aprende precepto por precepto y línea tras línea. A medida que vas tomando acción, y poniendo en práctica estas enseñanzas, es en esa medida que iras asimilando cada principio, y a medida que vas asimilando cada principio, estos se harán cada vez más parte de ti... **hasta que Pufs** lo realizas naturalmente... Y esto aprendiz; es lo más maravilloso que podrás experimentar, cuando veas lo que has logrado, gracias a tu buen ánimo, a tu dedicación, paciencia y persistencia constante... *Bueno aprendiz, recuerda que "Si tienes alguna pregunta, puedes publicarla en mi **Website**" o "**Escribirme directamente a mi Correo (E-mail)**".*

MásterCoach.YlichTarazona@gmail.com
http://www.reingenieriamentalconpnl.com

EL CAMINO HACIA LA EXCELENCIA "Solo; cuando pienses en grande, cuando pienses que puedes, cuando tengas la convicción y certeza que lo vas a lograr y determinas salir de tú zona de confort. Y comienzas a perseverar en tú visión y misión de propósito, hasta lograr alcanzar todas y cada una de tus más anheladas metas y pongas en acciones tus planes para ir firmemente tras tus sueños y comiences a creer en ti. Entonces es ahí; que empezaras a disfrutaras de los resultados de haber conquistado tus objetivos antes propuestos" -. **YLICH TARAZONA**. -

SÉPTIMO CAPÍTULO: COMO DESARROLLAR UNA SESIÓN DE HIPNOSIS O UN SHOW DE ESPECTÁCULO

<u>Introducción al Capítulo.</u>

Hola que tal aprendiz, ya hemos realizado un gran e interesante recorrido juntos en los capítulos anteriores por los **elementos básicos** y **esenciales** que hay que conocer para **desarrollar efectivamente los procedimientos hipnóticos.** *Es importante que primero aprendas a **dominar las herramientas** que has aprendido en las lecciones anteriores, recuerda que no debes pasar a la siguiente etapa de este **curso de hipnosis práctica** sin antes poseer un dominio absoluto de las **técnicas, recursos, principios** y **enseñanzas** precedentes en los capítulos anteriores a éste.*

Una vez, teniendo estas recomendaciones claras, y después de haber estudiado cuidadosamente los capítulos anteriores, *después de haber desarrollado y efectuado correctamente los ejercicios, y sobre todo haber puesto en práctica una y otra vez, todas estas **herramientas, recursos, elementos básicos, técnicas, metodologías, principios** y **enseñanzas** en tus sesiones o presentaciones previas.* Entonces aprendiz; si es así, continuemos sin más preámbulos a nuestra siguiente lección.

Como se han podido dar cuenta, la hipnosis bien hecha, no es un proceso tan sencillo, eso quiere decir, que requiere que tanto el **HIPNOTIZADOR** *(Tu Aprendiz)*, como el hipnotizado *(El Paciente o Participante)* pongan mucho de su voluntad. *Procurando siempre nunca dejar ni un detalle al azar; y es debido a la importancia de esto aprendiz, por lo que en este séptimo capítulo, sólo hablaremos de cómo realizar una **sesión de hipnosis** o **show de hipnosis** correctamente desde el principio hasta el final...*

*Como estas dos (2) lecciones del capítulo son un poco larga, la dividiremos en dos partes: "**Preparación**" e "**Hipnosis**".)* En esta primera parte veremos la parte de la "**PREPARACIÓN**" en la que trataremos dos puntos la "**Entrevista**" y las "**Pruebas**". Y como el tiempo vale oro, entonces vamos a iniciar...

El inicio de este capítulo, va a ser un resumen de todo lo que hemos aprendido hasta ahora. Es aquí; donde tenemos que usar y poner en práctica todo lo que sabemos, y tolo lo que hemos aprendido y asimilado. Si recordamos un poco, **Antes de la HIPNOSIS** *(hay que hacer una pequeña entrevista o charla PreHipnótica)* al sujeto a hipnotizar. En esta **entrevista** o **charla** tenemos que:

- Despejar de cualquier **MITO** que tenga el "**Sujeto**" *(Paciente o Participante)*
Este punto es crucial, y de vital importancia para comenzar a realizar toda hipnosis. 1° **Hay que convencer al hipnotizado, de que el HIPNOTIZADOR (***Tu Aprendiz*) **va a ser capaz de hipnotizarlo.** *(Cualquier mito, duda, miedo o inquietud que tenga la persona, sobre la hipnosis. Si no es resuelta antes de comenzar la sesión o el show, literalmente esto podría echar abajo nuestro trabajo previo.)* Para convencerlo, hay que tomar en cuentas las siguientes recomendaciones:

✓ Primeramente hay que explicarle al sujeto que *"La **HIPNOSIS** es un estado natural de todo ser humano; es decir que la hipnosis es un especial alterado de conciencia en el que entra la persona hipnotizada"* **(de forma voluntaria y consiente)** conducido por las sugestiones e inducciones del hipnotizador. De hecho, puedes explicarle que existe la **AutoHipnosis**, y que el mismo en su propia casa, puedes **Auto-Hipnotizarse**. De esta manera, la harás entender a la persona que tú no tienes ningún "**poder mágicos sobrenatural**" solo; que tienes dominios a unas técnicas y metodologías que permite estimular la hiper-sugestionabilidad de la persona, lo que permite hacerle más receptiva a las inducciones, permitiendo lograr realizar fenómenos hipnóticos, con la guía, orientación e instrucciones dadas por el HIPNOTIZADOR, o sea TU APRENDIZ… *(Esto sería más o menos, la Entrevista o Charla PRE-HIPNÓTICA que debes de tener con el sujeto a hipnotizar antes de la sesión o comenzar el show.). También podrías agregar las siguientes líneas, para prepararla mente subconsciente del sujeto en cuestión.* "Yo te iré indicando los pasos que tienes que seguir para llegar a la hipnosis. Así que; sólo si tú quieres hipnotizarte, entrarás en ese estado de hipnosis, **¿Estás de acuerdo?** Si la hipnosis no funciona, dependerá en gran parte de ti. *(Al hacerle comprender todo esto aprendiz, eliminamos la resistencia a creer que la hipnosis es un combate, entre él y tú… Es decir, una batalla en el que si el hipnotizador consigue hipnotizarlo, el sujeto "pierde".)…*

✓ Como hemos analizado hasta aquí, es importante aclararle todas esas incertidumbres que existen alrededor de la hipnosis, como por son: **¿Y si no me despierto?** <u>RESPUESTA</u>: *El estado de la hipnosis es un estado natural en el que entramos a diario todo ser humano de una u otra manera, lo que nos dice que la hipnosis nunca podría causarnos alguna molestia… Te compartiré algunos ejemplos: Imagínate que una persona esté en medio de una sesión de hipnosis, y por alguna razón el hipnotizador tuviera que salir de urgencia para solventar algún imprevisto, ¿Qué sucedería con la persona? Pues lo normal que sucedería si estuviera tomando una siesta "DESPERTARÍA" es decir, que si una persona estuviera en un estado de trance hipnótico profundo, y si el hipnotizador hubiera salido un momento y la persona le dieran ganas de ir al baño, simplemente despertaría del trance para ir al baño, Pues por más relajada que se encuentre una persona y por más profundo que se encontrara en un estado de hipnosis, lo curioso es, que cuando tenga que ir al baño, el sujeto solo se despertaría automáticamente, como si hubiera despertado de dormir toda la noche. Entonces, como vez, no hay problema en cuanto al temor a no despertarte.* **¿Se puede hacer con una persona hipnotizada lo que se quiere, sin so voluntad?** <u>RESPUESTA</u>: *Eso jamás sucedería, porque hay que recordar que la persona entra en el estado de hipnosis de forma voluntaria y consciente conducida por las sugestiones e inducciones declaradas por el hipnotizador. Lo que tienes que saber es que al entrar en hipnosis, nunca se pierdes la conciencia, sólo que entras en un estado alterado de esta; es decir en un estado de concentración más profundo de lo normal. Y en ningún momento vas a perder tú consciencia o voluntad; es decir, que jamás vas a hacer nada en contra de tu voluntad en estado de hipnosis, nunca hacemos nada que esté en contra de nuestros principios, moral, creencias o ideales* *y buenas costumbres.* Pero, **¿Por qué entonces la gente se comporta como un determinado animal, un perro, como el gato, una gallina, etc.?** <u>RESPUESTA</u>: *Pues; sencillo, porque su mente consciente e inconsciente ve ese acto, como una acción que en ningún momento sería perjudicial para el... Es decir; cuando un especialista **hipnotizador en un show de espectáculo** consigue que un sujeto se comporte como un determinado animal, y adopte el comportamiento de un perro, un gato o una gallina, sencillamente es porque el sujeto mismo sabe por intuición inconscientemente que se trata solo de un juego de roles. ¿Ves que simple? Recordemos que nuestra mente tiene un mecanismo de auto-conservación, y en el momento en que nos encontremos en riesgo, reaccionaríamos automáticamente para evitar el peligro.* **¿Si estuviéremos hipnotizados y nos ordenan hacer algo en contra de nuestros principios, moral, creencias o ideales y buenas costumbres, nuestro cuerpo reaccionaría despertando de la hipnosis?** <u>RESPUESTA</u>: *Si; por supuesto que sí. Si en un estado de hipnosis, te ordenan que imites al perro, o actuaras como un gato, o cacarearas como una gallina, y eso fuera muy inadecuado para ti, de seguro que no lo harías. Lo mismo pasa con el uso de la hipnosis al "hacerte una pregunta personal". Si no quieres decir algo, ni responder a una cosa en particular, nunca lo harías, ya que tú siempre tienes la capacidad de elección y decidir por ti misma que tan lejos ira en la hipnosis, es decir la hipnosis es limitada, solo la persona hace de la hipnosis una experiencia única, maravilloso, especial e ilimitada; es decir sin límites, ya que bajo hipnosis todo lo que se proponga la persona hacer lo podría realizar, con la guía, orientación, e instrucciones del hipnotizador.*

> • **En resumen, hay que hacer creer y hacer saber al sujeto, que la hipnosis se va a producir correctamente. Y que tú tienes todo bajo control, y que puede confiar en ti, en tu experiencia y profesionalismo, para hacer de la hipnosis una experiencia única, maravillosa e inolvidable para ellos.**

✓ Una vez, logrado nuestro primer paso, despejar las dudas... Ahora en este segundo paso, tenemos que obtener todos los datos acerca de posibles problemas físicos y psicológicos si los hubiera. Y así elimina de nuestra sesión o show cualquier técnica que trabaje con ese problema específico. *(Por ejemplo, si el sujeto (paciente o participante) tuviera problemas cardiacos, eliminar todas las técnicas que, por ejemplo, disminuyan el ritmo cardiaco)* y para los problemas psicológicos, intentar evitar provocar las situaciones a las que el sujeto tiene fobia. RECUERDA **¡ABSTENERSE DE HACER TERAPIAS! Si no sabes hacerlo o no tienes la titulación, no lo hagas.** Debemos intentar que la hipnosis se realice de la forma más segura posible, hay que evitar provocar situaciones de riesgo. *(Por naturaleza, en caso de entrar en una situación de riesgo, la persona despertará automáticamente debido a ese mecanismo de defensa que tenemos. De todas maneras, y aunque no haya un riesgo "grande" real, mejor evitar situaciones que echen a perder la hipnosis y la confianza que ha depositado en nosotros el sujeto)*

<u>Primera Parte: SESIÓN DE HIPNOSIS según el punto de vista del ESPECTADOR</u>

Para iniciar, comenzaré describiendo cómo es el desarrollo de una **sesión de hipnosis**, desde el punto de vista del sujeto *(espectador)* paciente o participante:

Al comenzar la **sesión de hipnosis**, lo más probable es que el sujeto *(espectador)* paciente o participante al principio puede ser que este un poco distraído o enfocado, en las muchas expectativas que tiene acerca de lo que va o puede acontecer. ***Este proceso mayormente puede comenzar sentado, acostado o de pie, según sea el caso.*** Lo más probable es que *si la persona tiene algún grado de experiencia en una **sesión de hipnosis anterior**, probablemente estará relajado y pensando con normalidad en lo que deberá hacer en breve. Si al contrario es su primera vez, puede ser que al principio sienta algún grado de ansiedad, curiosidad y tengas algunas preguntas en relación a lo que crea o pienses que es o no es la hipnosis.* Todas estas reacciones o comportamientos son normales, y tenemos que tenerlas presente en todo momento, para poder llevar la sesión de hipnosis al próximo nivel.

*En este inicio de la **sesión de hipnosis** el sujeto **(espectador)** paciente o participante, se encuentra en el **ESTADO NORMAL DE ALERTA** o **ESTADO DE VIGILIA (Z0)**. Este estado consciente se caracteriza por un alto nivel de frecuencia u ondas cerebrales en la actividad neuronal **BETA que oscila entre los 14 a 28 Hz (ciclos por segundo o cps)***

Una vez haya iniciado la **sesión de hipnosis**, el sujeto (**espectador**) paciente o participante, se encontrará en el proceso de transición entre el estado normal de vigilia (**Z0**) al **ESTADO HIPNOIDAL** o **Encantamiento** (**Z0 y Z1**). Estado semi-consciente, que se caracteriza por la disminución de los niveles de frecuencia u ondas cerebrales en la actividad neuronal **ALFA / ALPHA** *que oscila entre los* **8 a 13** *Hz* (ciclos por segundo o cps)

*Una vez que el sujeto (**espectador**) paciente o participante haya terminado de oír la charla pre-hipnótica, haya respondido el guion terapéutico, haya realizado las primeras pruebas de sugestionabilidad, haya ejecutado algunas sugestiones básicas, haya cumplido con algunas órdenes de un **CÍRCULO DE POTENCIA** o **Nivel de Fuerza FP1** y haya completado algunas órdenes de **Nivel de Autoridad** o **NIVEL SUPERIOR FP2**. Entonces el sujeto (**espectador**) paciente o participante, ya estaremos listo para pasar a su siguiente nivel.*

Para subir al sujeto (**espectador**) paciente o participante al siguiente nivel, y lograr nuestro objetivo podremos hacerlo utilizando uno de los **métodos de inducción** más popular y efectivo <u>**POR EJEMPLO**</u>: **El modelo de inducción Dave Elman.** Una vez logrado nuestro propósito, el sujeto (**espectador**) paciente o participante entra en el siguiente estado de **TRANCE HIPNÓTICO LEVE** o **Superficial Z1**. Este estado semi-inconsciente, se caracteriza por una mayor disminución de los niveles de frecuencia u ondas cerebrales en la actividad neuronal **ZETA / THETA** *que oscila entre los 6 a 7 Hz* **(ciclos por segundo o cps).**

En este estado **Z1** el sujeto (**espectador**) paciente o participante sabe que todavía está semi consciente. Por lo que en ocasiones, duda de que se encuentre en **estado de hipnosis**, ya que escucha al hipnotizador y percibe todo lo que sucede en su entorno y medio ambiente que le rodea. *Como este estado es muy inestable, y el individuo siempre tiende a regresar a su estado normal de vigilia. Por esta razón, es aconsejable que durante este periodo, el **Hipnotista**, **Hipnotizador**, **Hipnólogo** o **Hipnoterapeuta** deberá tener en cuenta el alternar y profundizar con técnicas sonoras, táctiles y visuales, para llevar a la persona al siguiente nivel de **TRANCE HIPNÓTICO MEDIO** o **Cataléptico Z1** y **Z2**.* Este estado de mayor semi-inconsciencia, se caracteriza por una mayor disminución de los niveles de frecuencia u ondas cerebrales en la actividad neuronal **ZETA / THETA** *que oscila entre los 4 a 5 Hz* **(ciclos por segundo o cps)** perceptibles exteriormente.

*Ahora a partir de aquí, sucede un hecho muy interesante. Al aumentar el **CÍRCULO DE POTENCIA** o **Nivel de Fuerza (FP3 y FP4)**, y haya completado algunas órdenes de **Nivel de Autoridad** o **NIVEL SUPERIOR FP5 y superiores**. Entonces el sujeto (**espectador**) paciente o participante, ya estaremos listo para pasar a su siguiente nivel de grado superior avanzado.*

*Al entrar el sujeto (**espectador**) paciente o participante en este estado de trance hipnótico más profundo, conocido como estado de **TRANCE HIPNÓTICO UMBRAL SONAMBÚLICO Z2**.* Este estado es el de mayor trance hipnótico alcanzado, y se caracteriza por un mayor grado en la disminución de los niveles de frecuencia u ondas cerebrales en la actividad neuronal **DELTA que oscila entre los 0,5 a 3 Hz o (ciclos por segundo o cps)**, que es perceptibles exteriormente con una mayor claridad comparado con los anteriores.

*Es importante destacar en este punto, que (Mediante la realización de **pruebas encubiertas, convencedores** y **técnicas de profundización** de estados hipnóticos) el sujeto (**espectador**) paciente o participante, comenzara a tener momentos de desorientación, lo que le producirá un **borre temporal** de los acontecimientos percibidos a través de su mente consciente. Lo que hará que el sujeto (**espectador**) paciente o participante **olvide temporal** o esporádicamente las pruebas encubiertas, los convencedores y las técnicas de profundización de estados hipnóticos que le indujeron y lo llevaron a entrar en ese estado de trance hipnótico profundo.*

*Al decir que se le **borra** o se le **olvida temporal** o esporádicamente ciertos acontecimientos, me refiero a que cuando despierte el sujeto y regrese a su estado de lucidez, (estado de alerta o vigilia), si le preguntamos que nos cuente todo lo que recuerda desde el inicio de la sesión de hipnosis, solo recordará hasta el momento antes, de lo que le hizo entrar en el estado de trance hipnótico profundo.*

<u>***POR EJEMPLO***</u>: **IMAGINEMOS** *que comenzamos dándole* **sugestiones** *e* **inducciones directas** *de que su brazo izquierdo se hará muy pero muy ligero, y cuando ya esté muy ligero, este comienza a levitar, flotar, subir y levantarse inconscientemente a través del poder de su mente. Luego, le hacemos una* **prueba encubierta** *acompañado con un* **profundizador** *que le dé la* **orden directa** *al brazo izquierdo de que se doble y se acerca a su cara poco a poco, hasta que la toque. Entonces seguimos con las* **sugestiones** *de un* **CÍRCULO DE POTENCIA** *o* **Nivel de Fuerza (FP3 y FP4)***. Y cuando hayamos* **profundizado la experiencia** *y el sujeto (***espectador***) paciente o participante haya completado las* **órdenes** *de un* **Nivel de Autoridad Mayor** *o un* **NIVEL SUPERIOR FP5** *y le* **ordenamos** *que se quedará dormido. Entonces en este momento, aceptara la orden y se* **DORMIRÁ** *(Es decir que entrara en el estado de trance hipnótico profundo)*

Luego cuando lo despertemos y lo regresemos a su estado de lucidez, (estado de alerta o vigilia) y le preguntemos que nos cuente lo que recuerda. Este solo recordará que su mano subía. (Olvidará y se le borrara temporal o esporádicamente la acción específica que le hizo entrar en el estado de trance hipnótico profundo. Es decir, olvidará que su mano izquierda le toca la cara y se quedaba dormido) Eso sí, el sujeto sabe que hay algo más, pero no lo puede recordar, entonces cuando le preguntamos "¿A qué te recuerda la palabra 'cara'?" Eso que olvidó le vendrá a la memoria y lo recordará perfectamente...

Mientras el sujeto (**espectador**) paciente o participante se encuentre en el **ESTADO DE TRANCE HIPNÓTICO UMBRAL SONAMBÚLICO Z2 (Profundo),** todo lo que suceda no se recordará, a menos que se le indiquemos que lo recuerde.

Es posible en contadas oportunidades, y en muy pocas ocasiones que durante la **sesión de hipnosis**, el sujeto (**espectador**) paciente o participante si esta nuevo en esto de los procedimientos hipnóticos, es inexperto o está muy pero muy cansado, agotado, alterado y estresado por alguna razón; que claro que puede suceder. Estas razones antes mencionadas, puede hacerlo entrar en el **ESTADO Z3 (Estado Muy profundo de Ensueño)**; si esto fenómeno sucediera, lo notaremos muy fácilmente, al ver que el sujeto que no reacciona a nuestras sugestiones y verlo incluso dormirse de verdad *(literal o **fisiológicamente**)* hablando. *En este* **ESTADO Z3 (Estado Muy profundo de Ensueño)***, el sujeto incluso una vez despierto, no podrá recordar nada de lo que ha sucedido en esta fase. (Aunque se lo recordemos nosotros) y la razón es simple y sencilla "Fue porque se durmió, y dormido como es lógico, no solo no recibe ninguna orden, sino que no recordará nada de lo que se le diga, incluso si hizo alguna acción involuntaria durante el sueño"...*

Esto es lógico, y está muy claro. Es como tratar de hacer recordar a un **SONÁMBULO** *(persona que habla y camina mientras está dormido)* que recuerde lo que hizo o dijo estando dormido. ¿Es imposible cierto? bueno lo mismo sucede en este **ESTADO Z3 (Estado Muy profundo de Ensueño)**.

Ahora pasemos a las **PRUEBAS ENCUBIERTAS**, las **PRUEBAS DE SUGESTIONABILIDAD**, los Convencedores y los Profundizadora de Estados...

Tanto los *Convencedores, las Pruebas de Sugestionabilidad, las Pruebas Encubiertas y los Profundizadores de Estados Hipnótico;* son *técnicas de sugestión e inducción*, que se van realizando sutilmente en todo el transcurso de las *sesiones* o *shows*, a través de ciertas metodologías que utiliza el hipnotizador sabiamente, para hacer más fácil el proceso de la práctica de la hipnosis. *(De esta manera, preparamos a la persona y pre-sugestionaremos al sujeto en su creencia en que la sesión de hipnosis o el show de espectáculo se realizará satisfactoriamente). Es decir, que esa es la percepción que le debemos hacer creer y experimentar al sujeto.*

Estas **técnicas de sugestión** e **inducción** también, nos sirven para comprobar el **estado de sugestionabilidad del sujeto**, y poder usarlas para producir el *(estado de trance hipnótico deseado)* y generar así, los **fenómenos hipnóticos**.

RESUMAMOS: *Una de las cosas esenciales que hay que conseguir aquí **(Durante las pruebas, los convencedores y los profundizadores de estados)** Es activar en la persona su **HIPER-SUGESTIONABILIDAD**, (**capacidad de recibir órdenes, sugestiones e inducciones**) que le permita finalmente al sujeto creer, sentir y experimentar que la hipnosis es real, y que es posible ser hipnotizado...*

*Hoy en día existen muchos **Convencedores, Pruebas de Sugestionabilidad, Pruebas Encubiertas y Profundizadores de Estados Hipnótico**. En esta parte del capítulo aprenderemos algunas de las más efectivas y eficaces a la hora de generar estados de trance hipnóticos en diferentes grados y niveles de profundidad... Así que sin más rodeos aprendices, continuemos con la lección.*

PRUEBAS ENCUBIERTAS, PRUEBAS DE SUGESTIONABILIDAD, Convencedores y Profundizadora de Estados Hipnóticos.

<u>Prueba de la Caída Hacia Atrás:</u>

Para comenzar lo primero que debemos hacer es que el sujeto se ponga de pie; con los pies juntos, y sus brazos a los costados sueltos y relajados. Antes de nada, explicarle a la persona detalladamente lo que va a pasar de antemano *(esto nos permite ir sugestionándolo y preparándolo para lo que va a pasar)* podríamos comenzar diciéndole lo siguiente:

"En estos momentos vas a permanecer de pie, con ambos pies juntos, y los ojos completa o parcialmente cerrados y relajado. Luego, a continuación, yo me colocaré detrás de ti, y pondré mis manos una en la parte de al frente a la altura de tu pecho o plexo solar, y la otra mano la colocare en la parte de atrás, en tu espalda a la misma altura que la mano del al frente, y mantendré así mis manos colocadas en esa posición

*mientras hacemos el ejercicio, pero sin tocarte. Ya que estarán mis manos siempre a unos 4 o 5 centímetros de separación. ¿**Estás de acuerdo**? ¿**Comprendes lo que vamos hacer verdad**? Si... Ok correcto, listo continuemos...*

*Una vez colocados ambos en la posición correcta para comenzar el ejercicio, yo empezaré a hablarte suavemente, y verás cómo a medida que voy hablando contigo, tu cuerpo comenzara a tambalearse lentamente. A partir de ahí, una vez que tu cuerpo comience a tambalearse, sentirás una fuerza que empuja todo tu cuerpo hacia adelante y hacia atrás, la sensación de tambaleo, de vaivén será tan placentera para ti, que ya no podrás evitarlo; y cuanto más esfuerzos hagas por mantenerte de pie, más difícil te resultará resistirte. Como en todo momento vas a estar consciente, cuando sientas que ya estás listo para dejarte caer, me puedes dar una señal asentando con tu cabeza de que estás listo. Así yo estaré alerta, para sostenerte para evitar que te caigas. (Es importante que sepas que siempre estará despierto, atento y consciente durante todo el procedimiento hipnótico). Así que cuando sienta que ya va a caer hacia atrás, déjate llevar, ya que yo estaré aquí cuidándote, para que todo salga bien... "También quiero que sepas que yo en todo momento estaremos alerta y listo para que el ejercicio salga correctamente y para sostenerte en todo momento". Voy a preguntarte frecuentemente si estas de acurdo y estás listo, para continuar, esto te permite escuchar, ver y sentir que estamos trabajando juntos y que siempre puedes contar conmigo y confiar en mí y en el proceso en todo momento ¿**Estás de acuerdo**? SI ¿**Estás listo para Comenzar**? SI. Ok listo... Entonces comencemos...*

<u>**COMENCEMOS**</u>: Con el sujeto en posición de pie, con ambos pies juntos, las manos a cada lado, sueltas y relajadas, con los ojos completa o parcialmente cerrados y relajado. *Después de explicarle todo lo anterior, colocamos una de nuestras manos al frente de la persona a la altura del plexo solar (pecho) y la otra mano la colocamos detrás del sujeto por la espalda a la misma altura de la otra, a unos 4 o 5 centímetros sin tocar a la persona (**técnica MOPPAO**). Una vez colocadas las manos en la posición correcta; sin tocarle, (**Mientras el hipnotizador se concentra en la imagen del sujeto cayendo hacia atrás, como si ya estuviera ocurriendo ene se mismo instante**) comenzamos a sugestionarlo.*

<u>**NOTAS DE INTERÉS**</u>: *Con la Prueba de la Caída hacia Atrás (**Creamos una situación de la que conocemos las consecuencias psicológicas**) Sabemos de antemano, que una persona que permanece de píe, con ambos pies juntos, tarde o temprano va a efectuar algún movimiento de balanceo. Por eso, empezaremos hablándole de que una fuerza extraña está intentando mover su cuerpo. Y como sabemos que se balanceará, cuando lo haga, le diremos (**Sincronizar por medio de la sugestión**): "¿Ves? ¡Ya comienzan los movimientos! "Esto es esencial" De esta forma hacemos que su inconsciente crea que todo lo que le digamos después viene de esa fuerza extraña. (**Si le dijimos que una fuerza extraña iba a comenzar a balancearlo, ahora que le diremos que su cuerpo se siente fuertemente empujado hacia atrás, inconscientemente creerá que se siente empujado hacia atrás e irremediablemente se caerá hacia atrás.**) En esto se basa la sugestión. En*

*hacerle creer y sentir a la persona que se va producir y se está produciendo algo **(Que todos sabemos que se producirá).** Por el hecho de que lo dice el hipnotizador y se produzca, el subconsciente lo acepta y lo recibe como que fue el hipnotizador que lo produjo a través de sus palabras. Entonces, a partir de ahí en adelante, cualquier cosa que diga el hipnotizador se producirá también. **(Para conseguir hipnosis, veremos que tenemos que ir haciéndole creer, sentir y experimentar al sujeto poco a poco, que la hipnosis se ha apoderado de su cuerpo)** induciéndolo finalmente al estado deseado que queremos **(Desviar la sugestión hacia el objetivo marcado)** en este caso, sería caer hacia atas, sentirse profundamente relajado y dormido.*

*Para lograr este objetivo le decimos: A partir de este momento quiero que te concentres en todo tu cuerpo, exactamente ahora mismo comenzaras a sentir una sensación muy extraña, Dentro de poco, notarás que tu cuerpo se balancea y sentirás como tu cuerpo poco a poco comienza a moverse suavemente hacia adelante y hacia atrás, sientes como esos pequeños movimientos van aumentando cada vez más y más, sentirás como una fuerza extraña comenzará a balancearte suavemente hacia adelante y hacia atrás. Y quiero que cuando comiences a sentir esa sensación de vaivén, te concentres en la experiencia que está viviendo y experimentando tu cuerpo y sientas como esa fuerza extraña comienza a mover y balancear tu cuerpo". **Así es, lo estás haciendo muy bien, perfecto ya comenzaste a tambalearte.***

__RECUERDA__: Hay que hablarle a la persona en tiempo presente, como si se estuviera produciendo y verificando el fenómeno hipnótico en ese mismo instante.

__Parte muy importante__: Si ves que no estas teniendo los resultados esperados, tranquilo, relájate, es normal, puede suceder, que la persona necesita de más tiempo y sugestión. Para ayudarte a retomar el control de la situación, prueba cambiar el volumen, ritmo, compás y tono de voz; y adáptalo a la situación, al contexto y a las circunstancias que estás viviendo incorporando también tu lenguaje corporal, verbal y no verbal, según hemos aprendido en las lecciones anteriores.

(Una vez que el sujeto haga algún pequeño movimiento, hacerle que crea, sentir y experimentar que ese movimiento ha sido causado por esa "fuerza extraña")
*"¿**Ves, sentiste eso**? Tu cuerpo se ha movido... A partir de ahora, esa fuerza extraña toma el control de tu cuerpo, y comienza suavemente a tambalearte más y más y empujarte hacia adelante y hacia atrás. No puedes aguantar más tiempo de pie. Esa extraña sensación de bienestar es más fuerte que tú. Los movimientos son cada vez más y más intensos, y tú los puedes notar ¿**cierto**?*

(Continua así hasta que se caiga. El tiempo normal para que una persona se caiga son de 2, 3 y 5 minutos) (¡Aviso!... ¡También hay personas que se caen a los 10 y 30 segundos!... Así que en todo momento tienes que estar alerta, listo y preparado para sostenerlo a tiempo y prevenir que se fuera a caer.)

Esta prueba de sugestionabilidad funciona siempre el 90% de las veces, con grandes probabilidades de éxito, si es que estamos atento, y prestamos atención a cualquier movimiento que hace la persona, y le haces creer, sentir y experimentar en la mente del sujeto que ese movimiento ha sido infundido por esa fuerza extraña.

Prueba Bloqueo de los Globos Oculares, Parpados Pesados o Catalepsia de Ojos:

La **TÉCNICA** del **Bloqueo de los Globos Oculares, Parpados Pesados o Catalepsia de Ojos**, esta fundamentadas en dos (2) **METODOLOGÍAS**.
"1° Fisiológica" *Función Orgánica o Respuesta Natural del Cuerpo*
"2° Sugestionable" *Sugestionabilidad o Respuesta Inductiva Psicológica*

1°.- BLOQUEO DE LOS GLOBOS OCULARES - OJOS PEGADOS (FISIOLÓGICO)

Esta 1° técnica de sugestión e inducción de catalepsia de ojos, es una "Prueba de Sugestionabilidad" que tiene un fuerte componente FISIOLÓGICO, (Función Orgánica o Respuesta Natural del Cuerpo), cosa que nos ayudara en nuestro proceso de "Pre-Elección / PreHipnótica" para preparar y seleccionar al sujeto (paciente o participante) con quien vamos a trabajar en nuestras sesiones o shows de hipnosis. Si esta *técnica de sugestión e inducción de catalepsia de ojos* es realizada correctamente, nos permitirá lograr tres grandes cosas:

1° Preseleccionar correctamente el candidato más sugestionable con quien vamos a comenzar a trabajar en nuestras sesiones de hipnosis clínica terapéuticas o en nuestros shows de hipnosis callejera o de espectáculo.

2° Librarnos sutilmente de las personas que no están interesadas en realidad de participar en nuestras sesiones clínicas o show de hipnosis; o prevenir y detectar aquellas personas que tratan de retarnos, o simplemente que no están preparados aún para ser hipnotizadas, pero quizás más adelante se motiven a participar.

3° Preparar mentalmente al sujeto con quien vamos a trabajar, ganarnos su confianza, entrar en rapport con él, generar empatía y estimularlo a participar activa y voluntariamente de buena gana, con una intención de propósito positiva, que nos permita tener una excelente sesión de hipnosis terapéutica o realizar un buen show de espectáculo.

Yes Set: *Técnica utilizada para conseguir poner al sujeto de nuestra parte, y que esté de acuerdo con nosotros en al menos 3 "SI" seguidos ("ordenes encubiertas").*

POR EJEMPLO: *Puedes sentarte/pararte "Si", Puedes juntar las piernas/los pies "Si", puedes tomar una respiración profunda "Si". A partir de ese momento, será mucho más sencillo que su mente subconsciente ACCEDA a nuestras sugestiones e inducciones más libremente, así que ya está preparado para comenzar el proceso hipnótico.*

Los pasos a seguir después aplicar el **Yes Set** son los siguientes:

Paso 1*: Quiero que te relajes, respires profundamente, Inhala y Exhala, Inhala – Exhala, Inhala – Exhala. Así es; correcto, lo estás haciendo muy bien. Ahora quiero que te enfoques, y sigas mi dedo que voy a ir acercándolo poco a poco, cada vez más y más al centro de tus dos ojos (**entrecejo**). Ahora comenzaras a notar como tu* *mirada se nubla, notaras como tu visión se pone cada vez más y más borrosa, y comienzas a tener una ligera sensación de pesadez en los parpados y sentirás el deseo de cerrar los ojos. Quiero que cuando sientas esas cosas; cierres tus ojos totalmente, relajes tus parpados completamente y te mantengas profundamente relajado. Perfecto; así es, muy bien. Ahora con los ojos cerrados, quiero que te imagines que puedes ver por encima de tu frente, aquí en esta parte donde te estoy tocando con la punta de mi dedo* **(Colocar el dedo y hacer un poco de presión en el centro de su frente "Entrecejo" a la altura del "Tercer Ojo").** *"Es preciso mantener siempre al sujeto bajo sugestión en todo momento diciéndole" Quiero que te imagines ahora; aun manteniendo los ojos cerrados, que tu frente es una ventana; y puedes ver hacia afuera, imagínate que tu frente es transparente o translucida, y puedes ver mi dedo, y seguir su trayectoria, aun con los ojos cerrados, puede ver y seguir el trayecto de mi dedo... Excelente, lo estás haciendo muy bien.*

Paso 2: *Eso es, ahora voy subir un poco más y más el dedo lentamente por tu frente hacia encima de tu cabeza, y quiero que sigas el trayecto mi dedo con tus ojos totalmente cerrados; eso es, muy bien. Continúa enfocado en visualizar mi dedo; sigue su trayectoria; míralo, síguelo, correcto, así es, muy bien. Ahora quiero que mires arriba, a la altura de donde está mi dedo* **(Situar el dedo y hacer un poco de presión hacia abajo en el centro arriba de su cabeza).** *"Es preciso seguir manteniendo a la persona bajo sugestión en todo momento ordenándole que" imagínate que puedes ver no solo mi dedo, sino también el (techo, las nubes, los árboles, etc.) a través de tu frente, como si fuera una ventana abierta en tu cabeza que te permite ver al exterior aún con los ojos cerrados. Eso es; excelente, lo estás haciendo muy bien.*

Paso 3: *Ahora mientras continuas concentrado, enfocado mirando hacia arriba, quiero que mires fijamente a través de este punto,* **(Presionar un poco con el dedo encima de su cabeza ligeramente),** *Ahora sientes como comienzas a sentir una gran sensación de pesadez se va apoderando de tus ojos... Quiero que te permitas sentir como tus párpados se hacen cada vez más y más pesados, muy pesados... Ahora, imagínate que los sientes tan pesados que te parece que tus párpados pesan cada vez más y más y ya no puedes abrir los ojos... Tus ojos completamente cerrados, se están sellando y cada vez unen más y más... Pronto a la cuenta de tres no vas a poder abrir tus ojos... Tus ojos estarán pegados, fusionados... Permítete sentir como cada vez se tus ojos se cierran y se funcionan más y más... Abrir los ojos te resultará muy difícil... Tendrás gran dificultad para hacerlo... Tus ojos están completamente sellados, totalmente pegados... Tus párpados ya no se pueden levantar y, en algunos momentos, a pesar de todos tus esfuerzos, te será imposible abrir los ojos... Los músculos de tus ojos se contraen... Cuanto más tiempo pasa, más sólidamente se pegan tus párpados... Cuando yo cuente hasta "tres" tus párpados y tus ojos estarán completamente cerrados, fusionados, unidos y sellados... Por más que te esfuerces en levantar tus parpados, no lo lograrás... En cuanto yo diga "tres" te resultará imposible abrir los ojos... **Uno 1...** Tus ojos están sólidamente cerrados... **Dos 2...** Tus párpados están cada vez más y más apretados... **¡TRES!** Tus párpados se mantienen unidos y pegados completamente, tus ojos están totalmente sellados y fusionados...*

Paso 4*: Ahora, quiero que intentes abrir los ojos, sin forzar nada, hazlo natural y veras que por unos segundos, no puedes abrirlos, vas a sentir que están pegados solo por unos instantes, vas a comprobar que es imposible abrirlos normalmente, y cuanto más lo intentas, más y más pegados estarán, y entre más intentas abrirlos suavemente, más y más sellados estaran, a tal grado que no puedes abrirlos... Así es, sin forzar nada, muy bien correcto, lo estas logrando. Ahora deja de intentarlo,* **(No dejar que lo intenten demasiado, con un par de segundos vale, ya que marea un poco y es muy incómodo)** *eso es;* **RELÁJATE AHORA** *nuevamente y deja de intentarlo, pero mantén tus ojos cerrados. Eso es; excelente, lo hiciste muy bien.* **(Bajar el dedo hasta la altura del entrecejo.)**

Paso 5*: Ahora relaja tus parpados, quiero que relajes tus ojos, eso es, ahora respires profundamente, relájate y vuelvas a Inhalar y Exhalar, Inhala – Exhala, Inhala – Exhala. Así es; correcto, lo hiciste muy bien, ya puedes abrir los ojos sintiéndolos muy relajados. Ya puedes abrir los ojos lentamente... Así es, muy bien correcto, felicitaciones lo hiciste muy bien... ^_^*

Parece un ejercicio simple y fácil; y lo es, si se realiza y se aplica correctamente, y sobre todo, causa una respuesta asombrosa en mucha gente. Y eso aprendiz, es bueno, ya que se predisponen a continuar con la sesión o participar más en el show.

2°.- BLOQUEO DE LOS GLOBOS OCULARES - OJOS PEGADOS (SUGESTIÓN)

Esta **2° técnica de sugestión** e **inducción de catalepsia de ojos**, es una *"Prueba de Sugestionabilidad"* que tiene un fuerte componente **PSICOLÓGICO** de estimulación de la **(Hiper-Sugestionabilidad y Respuesta Inductiva)** de la persona, acción que nos ayudara en nuestro proceso de *"Pre-Elección / PreHipnótica"* para preparar y seleccionar al sujeto **(paciente** o **participante)** con quien vamos a trabajar en nuestras **sesiones** o **shows de hipnosis.** Esta **técnica de sugestión** e **inducción** es muy útil para comprobar si la persona está dispuesta a colaborar o no; a la vez que nos permitirá al igual que la anterior, lograr tres grandes propósitos: *(Recordemos).*

1° Preseleccionar correctamente el candidato más sugestionable con quien vamos a comenzar a trabajar en nuestras sesiones de hipnosis clínica terapéuticas o en nuestros shows de hipnosis callejera o de espectáculo.

2° Librarnos sutilmente de las personas que no están interesadas en realidad de participar en nuestras sesiones clínicas o show de hipnosis; o prevenir y detectar aquellas personas que tratan de retarnos, o simplemente que no están preparados aún para ser hipnotizadas, pero quizás más adelante se motiven a participar.

3° Preparar mentalmente al sujeto con quien vamos a trabajar, ganarnos su confianza, entrar en rapport con él, generar empatía y estimularlo a participar activa y voluntariamente de buena gana, con una intención de propósito positiva, que nos permita tener una excelente sesión de hipnosis terapéutica o realizar un buen show de espectáculo.

> **Yes Set**: *Puedes sentarte/pararte "Si", Puedes juntar las piernas/los pies "Si", puedes tomar una respiración profunda "Si".*

Los pasos a seguir después aplicar el **Yes Set** son los siguientes:

Paso 1: *Quiero que te relajes, respires profundamente, Inhala y Exhala, Inhala – Exhala, Inhala – Exhala. Así es; correcto, lo estás haciendo muy bien. Ahora quiero que tomes otra respiración profunda; pero esta vez, al soltar el aire, quiero que mires un poco hacia abajo, en una posición de tu cabeza que estés y te sientas cómodo y permitas que tus ojos se cierren completamente, presiónalos fuertemente, cierra también tus parpados fuertemente, has presión en tus ojos y parpados para que se peguen totalmente, vuelve a hacer presión para que se unan y se fusionen completamente, y permite que tus parpados y tus ojos se cierren totalmente, totalmente. Perfecto; así es, lo estás haciendo muy bien.*

Pasó 2: *Ahora relájate, respires profundamente nuevamente, Inhala y Exhala, Inhala – Exhala, Inhala – Exhala. Aso es; lo estás haciendo muy bien. Ahora quiero que imagines que todos los músculos alrededor de tus ojos se relajan completamente, quiero que te permitas sentir tus parpados relajados, permítete sentir los músculos arriba de tus ojos relajados, los músculos de debajo aún más relajados, los músculos de los lados completamente relajados* **(Mientras decimos estas inducciones, tocamos suave y sutilmente cada parte del ojo que deseamos que la persona relaje. (Esto permite que el sujeto se mantenga concentrada y enfocada en el ejerció; al mismo, tiempo que anclamos en ellos a través del tacto "kinestésico" la sensación de relajación que queremos generar)),** Para seguir con la sugestión le continuamos diciendo: *Quiero que imagines ahora, como sería tener los músculos de tus ojos tan, pero tan relajados, que simplemente tus ojos se cierra, y sientes que tus parpados están completamente cerrados, profundamente cerrados, totalmente cerrados, solo por un breve periodo de tiempo. Eso es, lo estás haciendo muy bien.*

Paso 3: *Ahora quiero que relajes completamente aún más, estos músculos de tus ojos, siéntelos completamente relajados, totalmente relajados, profundamente relajados.* **(Mientras le decimos estas inducciones, tocamos suave y sutilmente cada parte del ojo que deseamos que la persona relaje).** Para seguir con la sugestión continuamos dándole órdenes encubiertas, y medida que vas haciendo la inducción, vas a ir aumentando el volumen de tu voz, vas a ir aumentando cada vez más el volumen de voz cada vez más y más ascendente Y CONTINUAS DICIÉNDOLE A LA PERSONA QUE: *Permítete sentir como a partir de ahora comenzaras a tener una gran pesadez en tus parpados, que se va a ir apoderando de tus ojos... Tus párpados se harán cada vez más y más pesados, muy pesados... Ahora, los sientes tan pesados que te parece que tus párpados se cierran por si solo y ya no lo puedes abrir... Tus ojos están completamente cerrados y cada vez sellan más y más... Pronto ya no vas a poder abrir tus ojos... Tus ojos estarán totalmente pegados... Cada vez se pegaran y se funcionan más y más... Abrir los ojos te resultará muy difícil... Tendrás gran dificultad para hacerlo... Tus ojos están completamente sellados, tus* *parpados están totalmente pegados... Tus párpados ya no se pueden levantar, tus ojos ya no se pueden abrir y, en algunos momentos, a pesar de todos tus esfuerzos, te será imposible abrir levantar tus parpados y será imposible para ti abrir los ojos... Permítete sentir como los músculos de tus ojos se contraen... Cuanto más tiempo pasa más sólidamente se pegan tus párpados... A PARTIR DE AHORA, Cuando yo diga "tres" tus párpados y tus ojos estarán completamente cerrados... Por más que te esfuerces en levantarlos, no lo lograrás... En cuanto yo diga "TRES" te resultará imposible abrir los ojos... **Uno 1...** Tus ojos están sólidamente cerrados... **Dos 2...** Tus párpados están cada vez más y más apretados... ¡TRES! Tus párpados se mantienen pegados, tus ojos están completa y totalmente sellados y fusionados...*

*__Paso 4__: Ahora quiero que **cuando tu estés completamente seguro de que** tus ojos y tus parpados están completamente sellados y totalmente fusionados, quiero que te imagines que tratas de abrirlos pero no puedes hacerlo, imagínate que es imposible, ya que la sensación de contracción en tus ojos y parpados es tan fuerte, que sentir tus ojos y parpados completamente sellados y totalmente cerrados, se te hace tan natural, que decides dejar tus ojos cerrados, la sensación de contracción es tan fuerte, que elijes en tu mente mantener tus parpados completamente sellados y totalmente cerrados. Así es, correcto muy bien, sigue imaginando... **Ahora quiero que cuando estés aún más completamente seguro de que** tus ojos y tus parpados están completamente pegados y totalmente cerrados, sellados y fusionados trates de abrirlos, pero por esta vez, simplemente te será imposible abrirlos, por más que lo intentes. Eso es, quiero que disfrutes de la sensación de no poder abrir los ojos, quiero que sientas cono tus parpados se mantienes cerrados y pegado solo por unos segundos. Intentas abrir tus ojos, pero es imposible, ya que están completamente pegados, Intenta abrir tus ojos, y entre más lo intentas, es aún más imposible abrirlos, ya que están totalmente cerrados y pegados, están completamente sellados y fusionados. Así es, muy bien correcto, felicitaciones lo hiciste muy bien... ^_^ Ahora para hacer que ya puedas volver abrir tus ojos, contare hasta **TRES**. Al contar hasta tres, ya podrás abrir tus ojos... **Uno 1** tus parpados de relajan... **Dos 2** tus ojos comienzan a abrirse... ¡Tres 3! ¡Ya puedes abrir los ojos! ÁBRELOS AHORA...*

*__NOTA DE INTERÉS__: Aquí, en la "**Prueba de Sugestionabilidad**" de la **Catalepsia de Ojos** o (**Bloqueo de los Globos Oculares** - __Ojos Pegados__, puede que suceda que: La persona abra los ojos; si es así, está bien simplemente le pediremos amablemente que cierre los ojos otra vez, y que relaje todos los músculos; le decimos "cierra los ojos y asegúrate esta vez, de que todos los músculos alrededor de tus ojos están completamente relajados, profundamente relajados, totalmente relajados...*

Sigue sugestionándolo sutilmente y a través de las inducciones y ordenes encubiertas dile enfática y directamente que: *Solo tú puedes hacerlo, está en ti, lograr imaginarlo hasta que suceda; yo no puedo hacerlo por ti" pero tu si puedes hacerlo, sé que puedes hacerlo, inténtalo de nuevo (**Y repetimos la pregunta de compromiso - "Cuando estés completamente seguro de que no se abrirían tus ojos, inténtalo de nuevo y permítete descubrir que es imposible".** En esta* *segunda ocasión, al volver a repetir el ejercicio, si la persona siguió todas tus indicaciones, y permitió dejarse llevar por la experiencia, es casi probable y seguro que en el* **90%** *a un* **95%** *de los casos, que si funcione esta vez.*

IMPORTANTE: Y si, por alguna razón, tampoco funcionara, tranquilo, simplemente tenemos que trabajar en la resistencia inconsciente que pueda tener la persona. Darle las gracias, despedirlo cortésmente, e invitarlo a participar en otra oportunidad. *Ya que las personas (pacientes o participantes) que se resisten a esta* **prueba de sugestionabilidad**, *también seguramente resistirán inconscientemente al acto inductivo de otras inducciones, ya que demuestran que no son capaces de seguir las instrucciones que se les dan. Tal incapacidad; puede también ser involuntaria e inconsciente, pero en cualquier caso es un signo de resistencia. Y es más prudente dejar de seguir insistiendo con esa persona, ya que tal vez, en ese momento no esté listo, pero en otra posible oportunidad, tal vez esté más receptivo a participar.*

Cómo pudiste apreciar, aprendiz; estas dos (2) distintas **técnicas de sugestión fisiológica** *e* **inducción psicológica**, *son ambas* **"Prueba de Sugestionabilidad"** *que se aplican en dos (2) diferentes contextos; pero que al final, tienen el mismo objetivo. Y el propósito de ambas metodologías, es comprobar el grado de sugestionabilidad de las personas, y su grado de compromiso en participar activa y voluntariamente en nuestras sesiones o shows, con toda la disposición posible.*

Explicación de la Prueba del BLOQUEO DE LOS GLOBOS OCULARES - Ojos Pegados "Catalepsia de Ojos (Fisiológica)"

En realidad está *"Prueba de Sugestionabilidad"* del **Bloqueo Ocular - *Ojos Pegados*** o **Catalepsia de Ojos** en su función *(Fisiológica)* no es hipnosis por sí misma. Te explicare a que me refiero; estas *técnica de sugestión e inducción fisiológica*, es más bien un truco muy sutil para evaluar el **grado de sugestionabilidad** del sujeto, y al mismo tiempo nos sirve para convencer a la persona de **su capacidad de hipnotización**.

Y así, al **crearle esta idea**, e **implantarle en su mente esta creencia**, es mucho más sencillo, poder sumergirlo fácilmente en el **estado de trance hipnótico deseado**. En efecto, está *"Prueba de Sugestionabilidad"* del **Bloqueo Ocular - *Ojos Pegados*** o **Catalepsia de Ojos** en su función *(Fisiológica)* es por sí misma, un evidente **factor fisiológico** que recreamos artificialmente para **generar una respuesta**, que sabemos que **fisiológicamente** va a ocurrir.

¿POR QUÉ SUCEDE ESTO? *Porque; resulta imposible mantener los globos oculares viendo hacia arriba, y al mismo tiempo intentar abrir los ojos en esa posición, ya que no es natural para la vista estar viendo hacia arriba, mientras observa normalmente. Por tal razón; conviene que al finalizar la inducción, colocar los ojos del sujeto (paciente o participante) de nuevo en posición normal, para* *romper, el bloqueo muscular que se estableció con la sugestión, y conseguir así que la persona, pueda abrir los párpados normalmente de nuevo sin ningún malestar, y despierte con el deseo de continuar participando.*

("¡Aviso! ¡Abstenerse de realizar esta prueba a personas que usen lentillas (lentes o anteojos) sin antes quitárselos brevemente, o que les pueda dar pánico el no poder abrir los ojos! (Todos estos riesgos se pueden evitar, si ante de la sesión o el show, evaluamos primero la situación y preguntamos de antemano a la persona si está de acuerdo con el ejercicio que vamos a realizar)")

RECAPITULACIÓN, CONCEJOS FINALES Y VARIACIÓN DE LA TÉCNICA

- Antes de comenzar la *"Prueba de Sugestionabilidad"* del **Bloqueo Ocular - *Ojos Pegados (VERSIÓN CORTA)***, primero debemos explicarle al sujeto que: *"Esta prueba consiste en que cierres los ojos, luego te pondré uno de mis dedos en el centro de tu frente y mirarás al punto donde te esté tocando ¿estás de acurdo? Mientras dure la prueba, no quites tu atención de ese punto, donde te estoy tocando. Te comenzaré a hablar, y luego cuando diga que no puedes abrir los ojos; sin dejar de mirar al punto, haz un pequeño intento de abrirlos. Cuando veas que no puedes abrirlos, deja de intentar, hazme un gesto con la mano, y haré que los puedas abrir otra vez."*

- Realizaremos esta prueba del **Bloqueo Ocular - *Ojos Pegados*** en su ***(VERSIÓN CORTA)*** sólo hasta la parte donde dice *"...es imposible abrirlos; no puedes abrir los ojos; no puedes, están cerrados"*. Entonces diremos: Has un intento de abrirlos y verás que no puedes abrirlos. **IMPORTANTE** *(Observa muy bien los ojos del sujeto), (Puede ocurrir que el sujeto abra los ojos. Si es así, te darás cuenta, que cuando los abra, notaras que en realidad no estaba mirando hacia arriba. (Nosotros sabemos que si nos hubiera hecho caso, y hubiera estado mirando hacia arriba, no hubiera podido conseguir abrir los ojos.* ***(Esto es un secreto))*** En este caso, le damos las gracias por participar, y luego despediremos amablemente al sujeto. *(Quizá en otro momento y con otro tono de voz, le funcione la prueba de los ojos cerrados).*

- Si no consigue abrirlos: **"Excelente Aprendiz" ESO QUIERE DECIR QUE LOGRAMOS NUESTRO OBJETIVO**; y que el sujeto logro hacer el ejercicio correctamente y siguió todas nuestras instrucciones y está listo para pasar al siguiente nivel. En ese momento significa entonces que estamos al mando, y que seguimos en control. *Una vez logrado el propósito esperado, le decimos "¿**Ves**? ¡No puedes abrirlos! Ahora deja de intentar y sigue mirando el punto" Ahora bajamos el dedo lentamente, hasta volver a llegar al punto inicial en la punta de su nariz. "Ahora cuando cuente hasta tres, verás como sí puedes abrir los ojos. Uno 1 tus ojos comienza a despegarse, dos 2 tus parpados comienzan a abrirse, tres 3 ¡Abre los ojos!" y listo, el ejercicio habrá finalizado. Le damos las gracias a la persona por participar, y le felicitamos por el resultado obtenido (estos elogios sinceros, estimulan a la persona a seguir participando más receptivamente en próximas pruebas e indicciones de un* ***CÍRCULO DE POTENCIA**, Nivel de Fuerza Mayor, Nivel de Autoridad o **NIVEL SUPERIOR** de (FP´s)).*

- *Nunca debes abusar de la **"Prueba de Sugestionabilidad"** del Bloqueo Ocular - Ojos Pegados o Catalepsia de Ojos, sabemos que siempre funciona, el **90%** de las veces, si cumples los pasos correctos, pero si eres aprendiz, te aconsejo mejor usar la técnica de inducción de la **"caída hacia atrás"**. - es importante destacar que **(La "Prueba de Sugestionabilidad" de la CAÍDA HACIA ATRÁS es mucho más fácil de realizar y resulta en un 99.9% de mayores probabilidades de éxito, mejor que la de catalepsia de ojos (bloqueo ocular) en la mayoría de los casos, lo único que requiere "la prueba de la caída hacia atrás" es un poco de práctica)**.*

Las **Prueba de Sugestionabilidad"**, así como las **técnicas de sugestión e inducción** tienen un valor relativo y variable cuando se trata de averiguar y evaluar si un sujeto *(Paciente o Participante)* presenta cierta **predisposición** o grado de **(Hiper-Sugestionabilidad)** a ser fácilmente hipnotizado.

Ya que se ha demostrado una y otra vez, que la tendencia de un mismo individuo hacia la hipnosis no es constante ni discontinua, y puede variar incluso de un día para otro. *Por tanto, no se puede considerar extraño que el resultado de alguna* **Prueba de Sugestionabilidad"**, *técnicas de sugestión o* **metodologías de inducción** *practicada a una persona en un momento dado sea negativo y que; en otro momento, en otra oportunidad, y en otra circunstancia distinta, esa misma persona logre ponerse en un estado de hipnosis, sin la menor dificultad en otro contexto o situación más favorable. Aún con la misma prueba practicada en días posteriores.*

Entonces podemos reafirmar que: La efectividad de las pruebas se pone realmente de manifiesto; sino solo, cuando se trata de medir la profundidad del estado de trance hipnótico que aplique solo para ese momento en particular.

Prueba de la Levitación del Brazo "1° Parte"

La **TÉCNICA** del **Prueba de la Levitación del Brazo**, esta fundamentadas en la **METODOLOGÍA** por **Sugestionabilidad** o **Respuesta Inductiva Psicológica**.

1°.- PRUEBA DE LA LEVITACIÓN DEL BRAZO (SUGESTIÓN)

Esta **1° técnica de sugestión** e **inducción** es un **profundizador de estados hipnóticos** así como una **prueba encubierta** según con el propósito que se realice. En el **profundizador** de la **Prueba de la Levitación del Brazo** el sujeto *(paciente o participante)* permanece bien sea sentado o acostado según la ocasión lo requiera; frente al hipnotizador; que lo mira fijamente a los ojos, mientras le dice:

Preparación: *Quiero que te relajes, que respires profundamente, Inhala y Exhala lentamente,* **Inhala** *"{deja unos segundo el aire en tus pulmones}"–* **Exhala** *"{suelta la tensión y el aire lentamente}",* **Inhala** *"{nuevamente, siente como con cada respiración te llenas de bienestar, de paz interior y de un estado de profunda tranquilidad}" –* **Exhala** *"{suelta el aire y siente como también con cada exhalación* *sueltas todo la tensión y todo el estrés de tu cuerpo}" Así es; correcto, lo estás haciendo muy bien.*

Paso 1*: Ahora quiero que te concentres, y sientas como tu brazo izquierdo se comienza a relajar, quiero que te imagines como a medida que tu brazo izquierdo se relaja, se comienza hacer más y más liviano, más y más liviano, eso, muy bien. Ahora quiero que te concentres en esa sensación de relajación y liviandad en la que se encuentra tu brazo izquierdo, **(cada vez que repitas la palabra brazo izquierdo, TOCAS el brazo del sujeto, y haces un pequeño CONTACTO KINESTÉSICO, para ir acostumbrando a la persona al contacto contigo, siempre de manera sutil y manteniendo en todo momento la sugestión, le dices que)** y sientas como esa sensación de relajación y liviandad cada vez se ha más y más placentera. Así es, correcto, lo estás haciendo muy bien...*

Paso 2*: Ahora quiere que comiences a imaginar y a sentir como tu brazo izquierdo **(has contacto)** se comienza a levantar suavemente, y a medida que te concentras en esa imagen en tu mente y en esa sensación de levitación de tu mano izquierda **(has contacto)**, quiero que notes como se comienza a levantar lentamente, como si comenzara a flotar o levitar hacia arriba cada vez más y más. Eso, muy bien, ya comenzó a moverse, siente como ya comenzó a levantarse y levitar. Ahora quiero, que notes como tu brazo izquierdo **(has contacto, toca de abajo hacia riba como insinuando que el brazo ya ha comenzado a levantarse y levitar)** comienza a levantarse cada vez más y más, y a medida que te relajas y te concentras en esa sensación de relajación y liviandad tu brazo izquierdo **(has contacto)** se levanta, y se levanta cada vez más y más, y comienza a subir y flotar más y más, eso es, lo estás haciendo muy bien.*

Paso 3*: Ahora siente como tu brazo izquierdo **(has contacto)** comienza a levitar y a flotar hacia arriba en dirección a tu cara. Así es correcto, vez como ya comenzó a subir más y más. Ahora permítete sentir como tu mano se levanta cada vez más y más en dirección a tu rostro, quiero que sientas como tu mano comienza a levitar y a flotar hasta llegar a la altura de tu rostro... Ahora, sin que te des cuenta, tu brazo va a empezar a moverse aún más y más cerca de tu cara, eso es, ves cómo se levanta tu brazo izquierdo **(has contacto)** poco a poco en dirección a tu cara... Ahora quiero sientas como tu brazo comienza a levantarse y flotar cada vez más hasta la altura de tu rostro...*

Paso 4*: Ahora Imagínate que estás en una fiesta infantil, o en un lugar muy hermoso donde hay muchos y muchos globos multicolores, de helio, de esos que flotan y levitan en el aire y suben al cielo, así es, quiero que te imagines como te atas a tu muñeca izquierda **(has contacto)** cientos y miles de globos multicolores, llenos de helio listos para volar y flotar por los aires, y ascender a los cielos... Muy bien, eso es, lo estás haciendo perfectamente, Ahora quiero que te permitas sentir como esos cientos y miles de globos flotantes multicolores tiran hacia arriba y comienzan a subir tu brazo izquierdo **(has contacto, toca de abajo hacia riba como insinuando que el brazo ya ha comenzado a levantarse y levitar)** más y más hasta el cielo... Ahora* *imagina que todos esos globos flotantes multicolores atados a tu muñeca hacen levantar tu mano y subir tu brazo más y más arriba, siente como los globos llenos de helio vuelan muy alto y tiran de tu brazo hacia arriba cada de más y más... permítete sentir como los globos suben, y tu brazo izquierdo **(has contacto)** también suben alzados por esos hermosos globos multicolores, así es, lo estás haciendo excelentemente bien.*

Paso 5: *Ahora quiero que sientas como tu brazo izquierdo se eleva **(has contacto)**... se eleva más y más **(has contacto)**... El otro brazo permanece inmóvil, pero el de los globos sube, sube, sube más y más arriba... sientes tu brazo izquierdo tan liviano como un globo, nota como tu brazo izquierdo asciende solo **(has contacto)**, cada vez más y más alto... Se eleva... se eleve... sigue elevándose... Cada vez más alto, los globos suben, alzan tu brazo, Como los globos suben, tu brazo sube también, inevitablemente... Liviano como un globo, tu brazo sube... sube... sube...*

FIN DEL EJERCICIO

Punto Importante: *Esta **técnica de sugestión** e **inducción** es un **profundizador de estados hipnóticos**, así como es una **prueba encubierta** según con el propósito que se realice.* **POR EJEMPLO**: *Si la utilizas como una **Prueba Encubierta**, entonces, puedes aplicar este ejercicio de manera imprevista a la mitad de la sesión de hipnosis; o a la mitad del show, para evaluar y detectar el grado de sugestionabilidad en que se encuentra el sujeto (paciente o participante). Y determinar correctamente el grado de trance hipnótico o el nivel de hipnosis que esta la persona... Si al terminar el ejercicio; la persona respondió bien a las sugestiones y levanto el brazo, en la medida que lo íbamos sugestionando, paso por paso, entonces significa que lo más probable es que el sujeto (paciente o participante) se encuentre en el **estado Z1**, los que nos permitiría profundizar el ejercicio e introducirlo en el **estado Z2**... ¿**Viste que importante son las Pruebes Encubiertas y para Qué se Utilizan?** En el segundo caso* **POR EJEMPLO**: *Si la utilizas como un **Profundizador de Estados Hipnóticos**; entonces, al comprobar que la persona respondió bien al ejercicio, que tiene su mano completamente levantada, y que está profundamente relajado en el **estado Z1**, entonces podríamos continuar con dos paso más... En este caso sería el **Paso 6** y el **Paso 7**; y continuaríamos de la siguiente manera, para **profundizar el estado hipnótico** e introducirlo más completamente en el **estado Z2**.*

Paso 6: *Ahora quiero que sientas como tu brazo izquierdo **(has contacto)** se eleva y va directamente a tu rostro poco a poco y toca tu cara... El otro brazo permanece inmóvil, pero el brazo izquierdo **(has contacto)** sube más y más arriba en dirección a tu rostro hasta que finalmente toca tu cara... eso es, lo estás haciendo muy bien.*

Paso 7: *Ahora nota como tu brazo izquierdo **(has contacto)** comienza a levitar y a flotar hacia arriba en dirección a tu cara y toca suavemente tu rostro. Así es correcto, vez como ya tu mano está cerca en tu cara y sutilmente acaricia tu rostro **(has contacto, toca su mano con un dedo y acércala con suavidad a su cara insinuando que la mano ya ha comenzado a acariciar su rostro, siempre de manera sutil y manteniendo en todo momento la sugestión que ahora le ordenas y le dices)**. Ahora permítete sentir como a medida que sientes suavemente la sensación en tu cara de los dedos de tus manos acariciar suavemente tu rostros, entra más y más en un estado profundo de trance* *hipnótico… **(Aquí te acercas a la persona, y comienzas a mecerla, moverla ligeramente de un lado a al otro, o de atrás hacia adelante, para estimularle la sensación de relajación profunda y generar el "Estado de Trance Hipnótico Deseado)** y le ordenas diciendo: Y ahora, entras en un sueño profundo, duerme cada vez más y más profundamente, te deslizas más y más profundamente en un sueño hipnótico profundo… AHORA cuando cuente hasta tres te relajaras aún más, y te dormirás todavía más y más profundamente. **1** relájate **2** déjate llevar, **3** sientes sueño, **AHORA ¡DUERME!***

Recomendaciones y palabras finales.

Para lograr mayores resultados, lo más recomendable es ir probando todas las voces que hemos venido aprendiendo; hasta que comencemos a notar resultados favorables y positivos, y el tono o volumen de voz que más favorezca, son la que debiéramos usar para estimular los estados de trance hipnóticos deseados)

*Si por alguna razón no llegara a salir como esperábamos, tranquilo, tómalo con calma, aprende de la situación, e intenta de nuevo, pero esta vez, ayúdale al sujeto (paciente o participante) hacerle creer que cualquier pequeño movimiento que se dé en su brazo, es indicativo de que está muy ligero y que por tal razón, va a subir. Y si vas a profundizar el estado, hazle sentir y asociar a la persona que cuando toca su cara entra más y más en un estado de trance aún más y más profundo… Y listo ^_^*

<u>Prueba de la Levitación del Brazo</u> "2° Parte"

Para continuar vamos a realizar la misma **TÉCNICA** del **Prueba de la Levitación del Brazo**; pero, esta vez fundamentadas en la **METODOLOGÍA** de la **FAMILIA SENSORIAL.**

PRUEBA DE LA LEVITACIÓN DEL BRAZO (Familia Sensorial) EXPLICACIÓN

✓ **Crear una situación de la cual se conocen las consecuencias psicológicas:** Hacer que el sujeto observe el movimiento de levitación su mano izquierda. *(Si le decimos que se moverá y levitara, el sujeto estará atento a ver si se mueve y comienza a levantarse. Debido a esto, cualquier movimiento que realice, sea lo pequeño que sea, hará que el sujeto comience a creer y a sentir lo que le dice el hipnotizador, y por **sugestión (órdenes encubiertas)**, los movimientos se irán haciendo cada vez más elevados, hasta que finalmente el brazo se levantará)*

✓ **Sincronizar por medio de la sugestión:** Hacemos creer y sentir al sujeto, que esos pequeños movimiento que realice, es debido a que el brazo a comenzado a levitar, porque la mano está muy ligera, y el brazo está completa y totalmente relajado, lo que le permite subir y levitar el brazo hacia árriba por sí solo.

✓ **Desviar la sugestión al objetivo deseado:** Hacemos creer y sentir al sujeto que la mano se le dirige ahora hacia la cara, porque tiene mucho sueño y cuando la mano le toque la cara entrara en un estado de trance aún más y más profundo de lo que se encuentra en ese momento. *(Por este motivo su mano se le va acercando a la cara, "Motivo falso, pero su inconsciente lo acepta como verdadero").*

De hecho; en particular es una de las técnicas que a mí, más me gusta realizar, porque en cada momento, me permite saber en qué grado o nivel de hipnosis se encuentra el sujeto con quien estoy trabajando. *(Persona, a quién por supuesto, le vamos a hacerle creer y sentir que el movimiento de levitación de su mano izquierda hacia arriba, es porque se hace cada vez, más y más ligeros su brazo y quiere subir hacia arriba y levitar por si sola)* **Ahora tal vez te estarás preguntando...**

Bueno y *¿Qué tipo de persona debo buscar para realizar esta técnica? ¿Le funcionaría esta técnica a una persona que elija entre el público?* Tranquilo aprendiz, debes relajarte y confiar en esta prueba, la serie de **sugestiones superpuestas** varían muy levemente entre una persona y otra. Pero sobre todo, y lo más importante, nunca hacen dudar al sujeto en ningún momento. *([Ya que; con quién de verdad trabajamos, es con la* **mente inconsciente** *de la persona] Con este tipo de prueba jamás habrá algún tipo de distinción entre una personas que sea muy listas o no. [Ya que con quién en realidad negociamos es con la* **mente subconsciente***])*

Así que, sin más que decir por ahora, continuemos.

Antes que nada aprendiz, primero debemos explicarle al sujeto *(paciente o participante)* todo lo que le va a pasar de antemano, para predisponerlo a lo que va a suceder luego, y así sugestionarlo inconscientemente, para que no pasemos sorpresas imprevistas: **Podemos comenzar la prueba diciéndole:**

Te vas a relajar profundamente y mientras te hablo, sentirás como tu mano izquierda se hará tan pero tan ligeras que comenzarás a sentir que se eleva por si solo hacia arriba y comienza a levitar en el aire"

IMPORTANTE: *Lo que nunca debes decirle al sujeto; es lo de, que (¡Cuando su mano le toque la cara, se dormirá!) ya que esa acción la realizamos y la hacemos mucho tiempo después... TE EXPLICARE BREVEMENTE PORQUE DEBES EVITARLE DECIRLE ESO DESDE EL PRINCIPIO: Puesto que si le das esa información desde el principio, lo más seguro es que la persona inconscientemente durante toda la hipnosis estaría esperando que llegara ese momento para ver qué sucede, y la hipnosis podría no funcionar como quisiéramos, ya que la persona estaría distraída en esa acción.*

Ahora **¿Ya entiendes porque aún no debemos decirle nada?** *Eso será, solo* **nuestro secreto,** *y el* **(AS debajo de la manga),** *para profundizar al sujeto en un estado de hipnosis más profundo, al final de la prueba).* Esta orden de que su mano va a tocar su cara, solo lo decimos casi al final de la prueba, cuando la persona ya esté completamente sumergido en el **estado Z1** *(Cuando nosotros, a través de la* **CALIBRACIÓN** *(Observación Atenta) veamos que su inconsciente va aceptando* nuestras **sugestiones** *"ordenes encubiertas")* requeridas en todo el **proceso de la hipnosis.** Es entonces en ese momento cumbre, en que la persona está más *sugestionable*, y lista para entrar el **estado Z2**, que le daremos la **orden directa**, de que (¡**Cuando su mano le toque la cara, se dormirá**!). Entonces, es ahí aprendiz, que será bien asimilada por su **subconsciente**... y que crees que hará pufs se dormirá.

Los más reconocidos y famosos expertos hipnotizadores del mundo, describen este método, como una de las técnicas, que más requieren de mucha paciencia por parte del hipnotizador; *así que aprendiz, llenémonos de paciencia y comencemos.*

2° PRUEBA DE LA LEVITACIÓN DEL BRAZO (Familia Sensorial)

El hipnotizador le habla al sujeto de esta forma: *(Se supone que el sujeto (paciente o participante) a hipnotizar comienza primero con los ojos abiertos. En su debido momento, se le dará la sugestión (orden) para que los cierre).*

*<u>**Preparación**</u>: Deseo que te sientes tranquilamente en este sillón **(si se va a ser sentado)** o podemos hacerlo parado también, en cualquiera de los casos de decimos: Quiero que te relajes, que respires profundamente, Inhala y Exhala lentamente, **Inhala** "{deja unos segundo el aire en tus pulmones}"– **Exhala** "{suelta la tensión y el aire lentamente}", **Inhala** "{nuevamente, siente como con cada respiración te llenas de bienestar, de paz interior y de un estado de profunda tranquilidad}" – **Exhala** "{suelta el aire y siente como también con cada exhalación sueltas todo la tensión y todo el estrés de tu cuerpo}" Así es; correcto, lo estás haciendo muy bien.*

*<u>**Paso 1**</u>: Ahora quiero, que una vez (**sentado** o **parado** según sea tu caso) cuando estés cómodo, pon tus manos relajadas a los costados, hacia los lados, con las palmas sueltas hacia abajo. Muy bien, así es. Ahora mira tu mano izquierda concéntrate en ella, quiero que pongas todo tu enfoque y tu atención en tu mano izquierda, obsérvala minuciosamente. Todo lo que has de hacer es estar (**sentado** o **parado**) y relajarte profundamente. Luego te darás cuenta de que a lo largo de la relajación ocurren varias cosas. Son cosas que suceden normalmente, cuando uno se relaja, pero aún no te has dado cuenta de lo que pasa en tu brazo izquierdo, y te lo voy a hacer notar."*

*<u>**Paso intermedio entre el 1 y el paso 2**</u>: Después de hacer una pausa de unos cuantos segundos, manteniendo siempre el contacto directo con el sujeto, espera a que la persona concientice tus palabras y (Comience a relajarse) según tus instrucciones e inconscientemente (Y empiece a pensar, qué es lo que va a pasar y cómo va a pasar). En esos breves instantes, manteniendo la secuencia del paso anterior de decimos...*

*<u>**Paso 2**</u>: "Ahora quiero que te concentrases, atentamente en todas las sensaciones que tienes y te permitas comenzar a sentir las calidad sensaciones en tu mano izquierda. Tal vez notes un ligero movimiento, muy suave y sutil casi imperceptible que comienzas a sentir en tu brazo izquierdo, o tal vez, notes como junto a tu respiración controlada, comienzas a relajarte aún más y más. O quizá sientas como a*

medida que palpita tu corazón, tu relajación se hace cada vez más y más relajada. Tal vez comiences a sentir como tu mano izquierda, comienza a sentir una sensación se cosquilleo u hormigueo, que te dice que ya comenzó a elevarse y a levitar poco a poco. No importa qué sensaciones notes, lo que quiero es que las observes, las sientas y las escuches en tu interior. Muy bien, eso es, lo estás haciendo perfecto... Ahora sigue mirando tu mano izquierda, y permítete darte cuenta como ha comenzado a levitar y a subir suave y lentamente hacia arriba. Continúa mirando tu brazo izquierdo. Dentro de poco observarás un movimiento de levitación cada vez más y más perceptible que hace subir tu mano poco a poco... Ya hay movimiento, pero aún no se nota todavía. Quizá tus ojos aún no lo perciben, pero volverás a fijarse bien en tu brazo derecho, y continuarás preguntándote cuándo notarás ese movimiento flotante hacia arriba, movimiento que, por cierto, ya ha comenzado a ascender tu brazo."

Paso 3: *Hacemos otra pequeña pausa. Y durante esta breve pausa, la atención del sujeto se centra en su brazo izquierdo. La persona siente curiosidad por ver lo que va a suceder.* **¡Muy importante!** *¡En este punto, hay que estar muy atento a cualquier pequeño movimiento del brazo! En cuanto se mueva, hay que hacérselo notar a la persona:* "*¿**Ves, Sientes**? Ya han comenzado los movimientos*" *y decirle que el movimiento aumenta. Recuerda que tienes que intentar asociar las sensaciones del sujeto a tus palabras, de forma que sea más fácil conseguir que las sugestiones y órdenes provoquen respuestas sensoriales o motoras. En cuanto mueva su brazo, decirle que ahora se concentre en sentir como su brazo comienza a subir y subir..., Eso es, muy bien, correcto, lo estás haciendo excelente... continua así.*

IMPORTANTE: Esta es la primera **sugestión** *(orden encubierta)* a la que debe responder el sujeto. *(Ten presente que hay algunas personas que reaccionan pronto, en los **primeros 45 segundos o 2 minutos**, otras al contrario tardan más, debido a esto, mientras el sujeto no comience subir el brazo izquierdo, no continúes con esta técnica, sigue dando **sugestiones subliminales** como las que se han ido dando en los dos últimos 3 pasos. Si ves que llevas **3 minutos (Tienes que tener paciencia)** y no hay movimiento, es conveniente que le pidas al sujeto que se relaje y que respire profundamente, y le invitas que mueva voluntariamente su brazo izquierdo un poco. Le dices que esto ayudará a que comiencen los movimientos de levitación y lo motivas a que eso le dará el impulso que necesita. Si pasados otros 3 minutos no reacciona la persona como bebería haber respondido, tranquilo está bien, tal vez ese no es el mejor momento de hipnotizarlo, quizás otro día. (Pero si en las pruebas respondió correctamente, ha sido muy receptivo y ya tiene el brazo levitando y alzado, subido una distancia considerable... Entonces aprendiz, eso significa que todo va saliendo de maravilla).* Una vez responda y vaya elevado el brazo y lo haya mantenido levitando unos segundos seguimos con los siguientes pasos...

Paso 4: *"Mientras tu brazo comienza a elevarse y levitar, te darás cuenta de que la sensación es placentera y te relaja cada vez más y más... Ahora permítete sentir como tu brazo izquierdo se hace cada vez más y más ligero, ligero como una pluma ligero como el viento, ligero como unos globos que vuelan cada vez más y más"*

Dar sugestiones y asociar cualquier movimiento de levitación que se haya producido, porque su brazo izquierdo está totalmente relajado, está completamente ligero y comienza a levitar y a levantarse. (Al hablar, intenta hacer tus palabras que suenen ligeras. (Como si hablaras muy despacio y de forma calmada). Seguir dando sugestiones (ordenes encubiertas) de este tipo hasta que el brazo izquierdo comience a levantarse completamente. Entonces aprendiz; al llegar a este punto, continúas:

Paso 5: "Ahora quiero que notes como el brazo izquierdo se alza, se eleva y comienza a subir más y más arriba... Eso, es, correcto, muy bien, sigue así. Permítete empezar a darte cuenta de que te invade una extraña sensación de ligereza tu brazo izquierdo, mientras toda la mano se levanta como si fuera a volar libre por los aires, como una pluma, como si tu brazo izquierdo estuviera atada a un manojo de globos multicolores que se elevan a las alturas de los cielos. Siente como tu brazo izquierdo se va hacia arriba, hacia arriba, cada vez más alto, cada vez más alto, ¡qué ligera se siente tu brazo, tan ligero que se te hace sencillo sentirla levitar y más y más!" Eso es, perfecto, lo haces muy bien... **Dar sugestiones del mismo tipo hasta que se levante el brazo izquierdo... Cuando ya el brazo este levantado le decimos:** Ahora "fíjate cómo tu brazo izquierdo se levanta hacia arriba, arriba, hacia arriba, muy alto, un poco más arriba. Así es, muy bien, ahora está más elevado, un poco más alto... más alto... más elevado..." muy bien lo has logrado...

Si lo logramos, y la persona levanta su brazo, entonces alcanzamos nuestro objetivo y damos por finalizado el ejercicio...

FIN DEL EJERCICIO...

PUNTO IMPORTANTE: Como ya lo hemos estudiado previamente antes, aprendimos que esta **técnica de sugestión** e **inducción hipnótica** de la **Prueba de Levitación del Brazo (Familia Sensorial)** es; Bien un **profundizador de estados hipnóticos**, así como también es una **prueba encubierta** según con el propósito que deseamos alcanzar en un momento determinado.

Si vamos a continuar el ejercicio y utilizarlo como un **Profundizador de Estados Hipnóticos**; entonces, al comprobar que la persona respondió bien a los primeros **5 pasos**, y tiene su mano completamente levantada, y que está profundamente relajado en el **estado Z1**, entonces podríamos continuar con dos paso más... En este caso sería el **Paso 6** y el **Paso 7**; y continuaríamos de la siguiente manera, para **profundizar el estado hipnótico** e introducirlo más completamente en el **estado Z2**.

Recuerda; no pases de aquí mientras el brazo no este levantado... :-)

En los párrafos siguientes, en los **pasos 6 y 7** cuando decimos una frase que, **POR EJEMPLO**: tenga las palabras: **Relajadas** y **Calmadas**. Tenemos que decir esa frase como si nuestras palabras estuvieran **Relajadas** y **Calmadas**.

*Lo mismo pasa con la palabra "**SUEÑO**", tienes que decir esa frase como si tú en verdad **tuvieras sueño**. ¡Pero, digas lo que digas, o hagas lo que hagas (Jamás y nunca bosteces!). Así serán más fácil de asimilar por el inconsciente la orden de **DORMIR**; y provocar el **estado de SUEÑO profundo** que le estamos sugiriendo a través de las sugestiones (ordenes encubiertas) y finalmente al pronunciar la palabra **SUEÑO** y **DUÉRMETE**, la persona entrara en un estado de trance hipnótico profundo.*

Prueba de Levitación del Brazo (Familia Sensorial) Profundizador de Estados Hipnóticos

***Paso 6**: Ahora quiero que sientas como tu brazo izquierdo **(has contacto)** se eleva y va directamente a tu rostro poco a poco y toca tu cara... El otro brazo permanece inmóvil, pero el brazo izquierdo **(has contacto)** sube más y más arriba en dirección a tu rostro hasta que finalmente toca tu cara... eso es, lo estás haciendo muy bien.*

Paso 7**: Ahora nota como tu brazo izquierdo **(has contacto)** comienza a levitar y a flotar hacia arriba en dirección a tu cara y toca suavemente tu rostro. Así es correcto, vez como ya tu mano está cerca en tu cara y sutilmente acaricia tu rostro **(has contacto, toca su mano con un dedo y acércala con suavidad a su cara insinuando que la mano ya ha comenzado a acariciar su rostro, siempre de manera sutil y manteniendo en todo momento la sugestión que ahora le ordenas y le dices)**. Ahora permítete sentir como a medida que sientes suavemente la sensación en tu cara de los dedos de tus manos acariciar suavemente tu rostros, entra más y más en un estado profundo de trance hipnótico... **(Aquí te acercas a la persona, y comienzas a mecerla, moverla ligeramente de un lado a al otro, o de atrás hacia adelante, para estimularle la sensación de relajación profunda y generar el "Estado de Trance Hipnótico Deseado)** y le ordenas diciendo: Y ahora, entras en un sueño profundo, duerme cada vez más y más profundamente, te deslizas más y más profundamente en un sueño hipnótico profundo... AHORA cuando cuente hasta tres te relajaras aún más, y te dormirás todavía más y más profundamente. **1** relájate **2** déjate llevar, **3** sientes sueño, **AHORA ¡DUERME!

FIN LO LOGRAMOS OTRA VEZ...
*XD aprendiz, ya hemos llegado al final de este interesante capitulo ^_^*

Bueno **APRENDICES**, ¡Esto **ha sido TODO en éste 2 LIBRO de la SERIE: PNL Aplicada, Influencia, Persuasión, Sugestión e Hipnosis** - Volumen **2 de 3**! Ya hemos llegado al final de nuestro **Curso De Hipnosis Práctica**... Wuao cómo pasa el tiempo y como adelantamos bastante **¿cierto**? Bueno, aprendiz como siempre ha sido todo un gusto haber estado a tu lado en este recorrido hacia tu excelente personal, en camino a convertirte en el **EXCELENTE HIPNOTIZADOR QUE HASTA AHORA HAS LOGRADO SER**. Recuerda que si sientes preguntas o hay algunas cosas de lo que hemos aprendido, que te gustarías aclarar más *(Sabes que siempre puedes contar conmigo para cualquier cosa; soy tu mentor, y gran amigo")...*

Si hay algo que tal vez aún no comprendas o domines del todo; como siempre te digo, tómalo con calma, vas bien, solo tranquilízate aprendiz y sigue intentando una y otra vez, y ya verás cómo lograras conquistar y alcanzar todo lo que te propongas... ^_^ . Ten siempre presente que toda disciplina se aprende precepto por precepto y línea tras línea. A medida que vas tomando acción, y poniendo en práctica estas enseñanzas, es en esa medida que iras asimilando cada principio, y a medida que vas asimilando cada principio, estos se harán cada vez más parte de ti... **hasta que Pufs** lo realizas naturalmente, como los más grandes **HIPNOTISTAS** e **HIPNOTIZADORES** del mundo... Y esto aprendiz; es lo más maravilloso que podrás experimentar en su momento, cuando veas lo que has logrado, gracias a tu buena actitud mental positiva, a tu dedicación, paciencia, persistencia y constancia... *Bueno aprendiz, recuerda que "Si tienes alguna pregunta, puedes publicarla en mi **Website**" o "**Escribirme directamente a mi CORREO (E-mail)**".*

MásterCoach.YlichTarazona@gmail.com
http://www.reingenieriamentalconpnl.com

*Si te ha gustado este **curso práctico de hipnosis**, y deseas "**contribuir**" con tu **aporte**, para **apoyarme** a seguir realizando este maravilloso trabajo, que con todo el cariño, preparado para ustedes. Puedes hacerlo a través del siguiente **Link** o **Enlace**.*

Paypal@Donación.com
Gracias por tu Contribución

EL CAMINO HACIA LA EXCELENCIA "Solo; cuando pienses en grande, cuando pienses que puedes, cuando tengas la convicción y certeza que lo vas a lograr y determinas salir de tú zona de confort. Y comienzas a perseverar en tú visión y misión de propósito, hasta lograr alcanzar todas y cada una de tus más anheladas metas y pongas en acciones tus planes para ir firmemente tras tus sueños y comiences a creer en ti. Entonces es ahí; que empezaras a disfrutaras de los resultados de haber conquistado tus objetivos antes propuestos" -. **YLICH TARAZONA**. –

Recuerda APRENDIZ, que si no has leído mi **PRIMER LIBRO** de la **SERIE:** *PNL Aplicada, Influencia, Persuasión, Sugestión e Hipnosis - Volumen 1 de 3 "EL PODER DE LA HIPNOSIS" (Manual Teórico-Práctico de Formación en HIPNOSIS, y el Desarrollo de Habilidades Hipnóticas Persuasivas)*, puedes obtenerlo en este **enlace**.

O si ya has leído tanto en **Volumen 1**, como éste, que es el **Volumen 2**... Entonces APRENDIZ, te invita a leer el **ÚLTIMO** de la **TRILOGÍA**. *"HIPNOSIS AL SIGUIENTE NIVEL". (Dominando el Arte del HIPNOTISMO Avanzado, la AutoHipnosis, las Regresiones y los Fenómenos Hipnóticos de los Niveles Superiores del Inconsciente)*.

PALABRAS FINALES

Bueno campeones y campeonas "{(**FELICIDADES**)}", ya hemos llegado al **FINAL de éste** maravilloso **CURSO DE HIPNOSIS PRÁCTICA** en su **EDICIÓN ESPECIAL**, que con tanta dedicación escribí para ti. Fue un largo **proceso de formación** y **aprendizaje** que juntos **TÚ** y **YO** recorrimos en ésta jornada **HACIA TÚ ÉXITO** Y **REALIZACIÓN PERSONAL**.

Éste **LIBRO** lo cree y diseñe pensando en **TI**, de manera **SISTEMÁTICA** como un **MANUAL PRÁCTICO DE INSTRUCCIONES** paso a paso; con el objetivo de ir pasándote por un **proceso mental de formación continuo de aprendizaje**, a través de un "{(**PATRÓN DE ACCIÓN**)}" bien preparado y simplificado para brindarte resultados eficaces, óptimos, efectivos y permanentes mediante las herramientas más poderosas y las metodologías de la *HIPNOSIS MODERNA, Trance y Fenómenos Hipnóticos, Sugestiones e Inducciones de Alto Nivel, Pruebas de Sugestionabilidad, Pruebas Encubiertas, Convencedores y Profundizadores de Estados Hipnóticos combinada con la técnicas y metodologías más avanzadas de la HIPNOSIS PSICOLINGÜÍSTICA y la PNL APLICADA (Programación Neurolingüística).*

Recuerda APRENDIZ, que si realmente deseas profundiza, en este **Arte Magistral** de la **HIPNOSIS** y el **HIPNOTISMO** a niveles superiores... **TE INVITO** a leer la **TRILOGÍA** completa de la SERIE: **PNL Aplicada, Influencia, Persuasión, Sugestión** e Hipnosis – Volumen **1, 2 y 3.**

***TE IMAGINAS** todo lo que puedes lograr conseguir al aprender a dominar estas técnicas de **HIPNOSIS** correctamente. **TE PUEDES IMAGINAR** cómo cambiaría tu vida extraordinariamente para bien, al poder conquistar todos tus sueños y objetivos que te propongas alcanzar con la **hipnosis**, gracias a estos principios. ¡**AHORA ES POSIBLE**!*

---

*Recuerda: TOMAR ACCIÓN y
HACER QUE LAS COSAS SUCEDAN
Y Comenzar a Vivir UNA VIDA MARAVILLOSA
Centrada en Principios, con los Estándares Más Elevadas de la
Integridad y la Rectitud*
***Y te prometo que si vives estas Normas
Pronto Tú y Yo nos veremos en la
CÚSPIDE DE LA EXCELENCIA***

Tu Gran Amigo el **COACH YLICH TARAZONA**

SOBRE EL AUTOR

BACKGROUND PROFESIONAL:

Coach Transformacional **YLICH TARAZONA**: Reconocido **Escritor, Autor Best-Seller, Orador** y **Conferenciante Internacional** de **Alto Nivel**.

Experto en **PNL** o **PROGRAMACIÓN NEUROLINGÜÍSTICA**, **Reingeniería Cerebral, BioProgramación Mental, Neuro Coaching, Persuasión e Hipnosis**.

Considerado en los distintos medios de comunicación como uno de los **Emprendedores más Destacado** e **Influyente** dentro del campo de la **NEUROCIENCIA MOTIVACIONAL** y **LA EXCELENCIA PERSONAL**; *destinado a ejercer un LEGADO* en la *vida de miles de personas, a través de su PASIÓN, ENTUSIASMO, DINAMISMO y LIDERAZGO CENTRADO EN PRINCIPIOS*.

*Hombre de **FE** y **Convicciones CRISTIANAS**; centrado en **Principios** y **Valores**.*

Fundador de portal **REINGENIERÍA MENTAL CON PNL ®- Comunidad Virtual para Emprendedores**. Uno de los **Website de Internet** dedicado a brindar **COACHING** en la **CONSOLIDACIÓN de Competencias** y el **Desarrollo del Máximo Potencial Humano**. *Especialistas en el Entrenamiento, Formación y Adiestramiento de alto nivel a través de la **Programación Neurolingüística**.*

Creador del **SISTEMA DE COACHING PERSONAL** en **REINGENIERÍA CEREBRAL** y **BIOPROGRAMACIÓN MENTAL** para *Alcanzar Metas, Concretar Objetivos* y *Consolidar Resultados Eficaces de Óptimo Desempeño*; a través de una serie de **Audios, Podcasters, Tele-Seminarios Online, Talleres Audio-Visuales, Webminars** y **Conferencias Magistrales de Carácter Presencial**.

Co-Creador y Re-Diseñador del "**MODELO de la PNL**" y la formula efectiva "{(**E - S.M.A.R.T - E.R**)}" *[Para el **Establecimiento** y **Fijación** de METAS, plan de acción y principios de planificación estratégicas para alcanzar y consolidar objetivos].*

Creador del *WEBMINARS Audio Visual, TELE-SEMINARIO Online* y *CONFERENCIA Magistral [Re-Descubriendo Tú Propósito y Misión de Vida]*.

Reconocido "**Autor** de la **Serie de LIBROS, Secuencias de EBOOK'S** y **CONFERENCIAS MAGISTRALES**" de [**REINGENIERÍA CEREBRAL** y **BIOPROGRAMACIÓN MENTAL**]. *Entre los más destacados tenemos "**Como Mejora Tu Autoestima**", "**Libérate del Auto-Sabotaje Interno**", "**Rediséñate y Reinventa tu Vida, Posiciona tú Marca personal** o **Personal Branding, Reingeniería de los Procesos del Pensamiento** entre otros.*

Autor **Best-Seller** de la serie *[LOS CICLOS MAESTROS DE LA DUPLICACIÓN Y LA MULTIPLICACIÓN en el NETWORKS MARKETING, Leyes y Principios Universales Para Desarrollar Tú Negocio Multinivel de Forma Profesional]* Vol. *1, 2 y 3*.

Creador del <u>**SISTEMA INTEGRAL DE COACHING PERSONAL**</u> a través de la **PNL** o **PROGRAMACIÓN NEUROLINGÜÍSTICA** para producir cambios positivos en los patrones del pensamiento, y generar resultados eficaces de alto rendimiento y óptimo desempeño, tanto nivel individual como organizacional. *Dicho **SISTEMA DE ENTRENAMIENTO Offline** y **Online** han marcado las vidas de cientos de emprendedores de forma presencial y ha cambiado los paradigmas mentales de miles de personas a nivel mundial vía virtual. Inspirando a quienes participan, escuchan, ven o leen sus enseñanzas; a vivir de forma extraordinaria centrada en principios.*

<u>MISIÓN Y VISIÓN PERSONAL</u>:

MI PROPÓSITO: Transmitir a todos mis lectores fe; y la fortaleza de seguir adelante, siempre con confianza y optimismo pese a las adversidades. **GUIÁNDOLOS COMO SU MENTOR** y **COACH PERSONAL** a encontrar su misión de vida a través de una oportunidad real de crecimiento personal, que les ayude a aclarar sus ideas, establecer sus metas, y elaborar un plan de acción bien definido, que les permita conquistar con éxito sus más anhelados sueños. *Permitiéndoles crear su propio futuro, escribiendo la historia de su propia vida y forjando su propio destino a través un ciclo continuo de tácticas y estrategias creadas para tal fin.*

De igual manera, deseo ayudar a mis lectores, aprendices, participantes y seguidores a cambiar los patrones negativos de pensamientos y las estructuras mentales limitadoras, enseñándoles a consolidar sus competencias y desarrollar el máximo de su potencial humano.

MI MISIÓN: *Llegar a ser un instrumento en las manos de* **DIOS**, *que me permita* impactar en las vidas de cientos, miles y millones de personas alrededor del mundo.

Dejar una huella que marque la diferencia en las vidas de las personas a quienes enseño y llevo mi mensaje. Así como también, dejarles un legado, que transcienda en el tiempo. Y les permita evolucionar en todos los aspectos transcendentales e importantes de sus vidas, tanto en lo personal, espiritual, emocional, así como también profesional, académica y financieramente.

MI VISIÓN: *Llevar a las personas esperanza y una opción que les permita transformar sus vidas para mejor, poder ayudarles a desarrollar esa semilla de grandeza que todos llevan dentro de su interior, y motivarlos a consolidar, posicionar y expandir el máximo de su potencial humano, al siguiente nivel de éxito.*

Y finalmente poder establecer una conexión y empatía con todos mis lectores, participantes y seguidores, que me permita ir escalando en la relación con cada uno de ellos, en la medida que sea posible. Al mismo tiempo, que les enseño a posicionarse y consolidarse en todos los aspectos de su vida de manera equilibrada...

- - -

Ayudándoles a **interiorizar los principios correctos** que les permitan **REINVENTARSE, creando una nueva y mejorada versión de sí mismos**. Abriéndoles nuevos caminos, aperturandoles nuevas oportunidades de éxito, que les permita conducir su vida, a reencontrarse a sí mismo, en el camino a la transformación, y la excelencia personal. Y finalmente; retomar con mayor fuerza, su camino hacia su éxito y excelencia personal...

OTRAS PUBLICACIONES, EDICIONES ESPECIALES, MINI CURSOS, E-BOOK´S Y LIBROS CREADOS POR EL AUTOR

Hola que tal, mi gran amigo y amiga **LECTOR**, fue un placer haber compartido contigo este tiempo de lectura, espero hayas disfrutado al máximo de la información contenida en este libro que con tanto cariño prepare para ustedes.

Si deseas conocer algunas otras de mis obras en ***Kindle de Amazon*** y ***CreateSpace*** te invito a visitar los siguientes enlaces. Se despide tú gran amigo el Coach **YLICH TARAZONA**

1.- *COMO MEJORAR TÚ AUTOESTIMA. **Aprende a Programar Tú Mente y Enfocar tus Pensamientos para Conquistar todo lo que te Propones en la Vida.***
Kindle de Amazon https://www.amazon.com/dp/B071NS4NPH
Tapa Blanda CreateSpace https://www.createspace.com/6763814

2.- *LIBÉRATE del AUTO-SABOTAJE. **Aprende a Fortalecer Tú Guerrero Interior, Liberarte del Auto-Sabotaje Interno, Controlar tus Emociones y Dirigir tus Pensamientos.***
Kindle de Amazon https://www.amazon.com/dp/B0716BWKR1
Tapa Blanda CreateSpace https://www.createspace.com/7120751

3.- *REDISÉÑATE Y REINVENTA TU VIDA. **El Arte de REDISEÑAR tú Vida, REINVENTARTE, INNOVAR, RENACER y Crear una Nueva y Mejorada Versión de ti Mismo.***
Kindle de Amazon https://www.amazon.com/dp/B06XKCSTNZ
Tapa Blanda CreateSpace https://www.createspace.com/7195297

4.- *REDESCUBRIENDO TÚ PROPÓSITO Y MISIÓN DE VIDA. **Fundamentos para Vivir una Vida Centrada en Principios y Conectada con Nuestra Visión y Misión de Propósito.***
Kindle de Amazon https://www.amazon.com/dp/B071FFVVM4
Tapa Blanda CreateSpace https://www.createspace.com/7195692

5.- *POSICIONANDO TÚ MARCA PERSONA. **Lomo DESTACAR, CONSOLIDAR y POSICIONAR Tú PERSONAL BRANDING en un Mercado Competitivo a través del "Love Brand".***
Kindle de Amazon https://www.createspace.com/6799772
Tapa Blanda CreateSpace https://www.createspace.com/6615804

6.- *EL PODER DEL DE METAS. **Principios de Planificación Estratégica y Metodologías Científicamente Comprobadas para Alcanzar y Consolidar tus Sueños paso a paso.***
Kindle de Amazon https://www.amazon.com/dp/B071SF2QX7
Tapa Blanda CreateSpace https://www.createspace.com/6684686

7.- *PROGRAMACIÓN NEUROLINGÜÍSTICA - PNL APLICADA. **El Arte Magistral de la Excelencia Personal, Metodologías Modernas y Técnicas Efectivas para Cambiar tu Vida.***
Kindle de Amazon https://www.amazon.com/dp/B072DVXBHR
Tapa Blanda CreateSpace https://www.createspace.com/7119256

8.- *EL PODER DE LAS METÁFORAS Y EL LENGUAJE FIGURADO. **Historias, Parábolas, Metáforas y Alegorías, Poderosas Herramientas de PNL y Persuasión en la Comunicación.***
Kindle de Amazon https://www.amazon.com/dp/B01ESBD7WY
Tapa Blanda CreateSpace https://www.createspace.com/6685297

9.- *RE-INGENIERÍA CEREBRAL y REDISEÑO DE LOS PROCESOS DEL PENSAMIENTO. **El Poder de Re-Programar Nuestros Procesos Mentales y Generar una REINGENIERÍA y REDISEÑO PERSONAL.***
Kindle de Amazon https://www.amazon.com/dp/B0723BVN9G
Tapa Blanda CreateSpace https://www.createspace.com/6685293

10.- *Los CICLOS MAESTROS de la DUPLICACIÓN y la MULTIPLICACIÓN en el NETWORK MARKETING. **Principios Universales Para Desarrollar Exitosamente Tú Negocio Multinivel de forma Profesional.***
Kindle de Amazon https://www.amazon.com/dp/B01IZTHD0M
Tapa Blanda CreateSpace https://www.createspace.com/6614144

11.- *Cuaderno de Planificación Empresarial y PLAN DE ACCIÓN MENSUAL para la Ejecución y el Enfoque. **Principios Universales Para Desarrollar Exitosamente TÚ NEGOCIO MULTINIVEL DE FORMA PROFESIONAL.***
Kindle de Amazon https://www.amazon.com/dp/B01J1JEVHI
Tapa Blanda CreateSpace https://www.createspace.com/6612779

12.- *CONCEPTOS Y NOCIONES AVANZADAS SOBRE LA INDUSTRIA DEL NETWORK MARKETING. **Principios Universales Para Desarrollar Exitosamente TÚ NEGOCIO de REDES DE MERCADEO MULTINIVEL en Forma Profesional***
Kindle de Amazon https://www.amazon.com/dp/B01MFDJNT9
Tapa Blanda CreateSpace https://www.createspace.com/6619923

13.- *NETWORK MARKETING o REDES DE MERCADEO. **La Gran Oportunidad de Negocio del Siglo XXI, Principios Universales Para Desarrollar Exitosamente TÚ PROYECTO MULTINIVEL DE FORMA PROFESIONAL.***
Kindle de Amazon https://www.amazon.com/dp/B01M5H4CG2
Tapa Blanda CreateSpace https://www.createspace.com/6669735

14-. *PALABRAS INSPIRADORAS Y FRASES CÉLEBRES DE TODOS LOS TIEMPOS.* *Colección con más 800 Pensamientos y Citas Auto - Motivadoras de los Líderes Más Grandes de la Historia*
Kindle de Amazon https://www.amazon.com/dp/B01J4MGSU0
Tapa Blanda CreateSpace https://www.createspace.com/6615169

15-. *EL PODER DE LA HIPNOSIS.* **Manual Teórico-Práctico de Formación en HIPNOSIS, y el Desarrollo de Habilidades Hipnóticas Persuasivas**
Kindle de Amazon https://www.amazon.com/dp/B076G97F14
Tapa Blanda CreateSpace https://www.createspace.com/7691037

16-. *CURSO DE HIPNOSIS PRÁCTICA.* **Como HIPNOTIZAR, a Cualquier Persona, en Cualquier Momento y en Cualquier Lugar**
Kindle de Amazon https://www.amazon.com/dp/B076G97F14
Tapa Blanda CreateSpace https://www.createspace.com/7691037

17-. *HIPNOSIS AL SIGUIENTE NIVEL.* **Hipnotismo Avanzado, Autohipnosis, Regresiones y Fenómenos Hipnóticos de los Niveles Superiores del Inconsciente**
Kindle de Amazon https://www.amazon.com/dp/B076G97F14
Tapa Blanda CreateSpace https://www.createspace.com/7691037

<u>PRÓXIMAMENTE</u>…

19.- *REINGENIERÍA CEREBRAL Y PROGRAMACIÓN MENTAL.* *Un Salto Cuántico para la Evolución del SER - Como Re-Codificar Tú Estructura Mental y Psicológica y Programar Tus Pensamientos para Consolidar Objetivos Centrados en Tú Misión y Propósito de Vida.*
Kindle de Amazon https://www.amazon.com/dp/B01EQML2U4
Tapa Blanda CreateSpace https://tsw.createspace.com/6685305
Próximamente…

20.- *EL ARTE DEL COACHING CON PNL.* **Conocimientos, Habilidades, Técnicas, Practicas y Estrategias de Coaching para Lograr Objetivos y Alcanzar lo que te Propones en la Viva.**
Kindle de Amazon https://www.amazon.com/dp/B01N1N49V8
Tapa Blanda CreateSpace https://www.createspace.com/6762787
Próximamente…

21.- *EL PODER DE LA PNL APLICADA A LA COMUNICACIÓN.* **Patrones de Persuasión e Hipnosis Conversacional. El Arte de Persuadir, Cautivar e Influir Positivamente en los Demás**
Kindle de Amazon https://www.amazon.com/dp/B01MXT273E
Tapa Blanda CreateSpace https://www.createspace.com/6762851
Próximamente…

22.- *LEYES Y PRINCIPIOS UNIVERSALES DEL ÉXITO. **Principios Bíblicos para Triunfar y Vivir en Abundancia Conforme a la Manera del Señor.***
Kindle de Amazon https://www.amazon.com/dp/B01MQQWLGT
Tapa Blanda CreateSpace https://www.createspace.com/6762826
Próximamente…

Para adquirir otras **OPCIONES DE PRESENTACIÓN** *y adquirí los* **LIBROS** *en versiones* **TAPA BLANDA ESTÁNDAR** *o* **PREMIUM, TAPA DURA PROFESIONAL CON** *o* **SIN SOLAPA, CON** *o* **SIN CONTRAPORTADA,** *en diferentes calidad de impresiones* **(Blanco y Negro, Full Color, Hoja Ahuesada Premium)** *en* **Tamaño Bolsillo, Impresión Americana** *o* **Espiral***…*

Puedes hacerlos a través mis otros **Portales OFICIALES***.*

http://www.lulu.com/spotlight/Coach_YlichTarazona
http://www.autoreseditores.com/coach.ylich.tarazona

*El aprendizaje constante, la formación continua y el estudio permanente son las claves entre los que logramos el éxito, de aquellos que no lo logran. .- **Ylich Tarazona.-***

PUBLICACIONES, EDICIONES, LIBROS, E-BOOK Y REPORTES ESPECIALES CREADOS POR EL AUTOR

OTRAS PUBLICACIONES, EDICIONES, LIBROS, E-BOOK Y REPORTES ESPECIALES CREADOS POR EL AUTOR
CONTINUACIÓN DE LA SERIE

TALLERES, CONFERENCIAS, SEMINARIOS, MINI CURSOS CREADOS POR EL AUTOR

AUDIOLIBROS, PODCASTERS, WEBMINARS, Y VIDEOS CREADOS POR EL AUTOR

SÍGUENOS A TRAVÉS DE TODAS NUESTRAS REDES SOCIALES (SOCIAL MEDIA Y WEBSITE OFICIAL)

Facebook, Twitter, YouTube, Google +, BlogSpot, Instagram, Pinterest, SlideShare, Speaker, LinkedIn, Skype y Gmail

https://www.amazon.com/Ylich-Eduard-Tarazona-Gil/e/B01INP4SU6
http://www.reingenieriamentalconpnl.com/
http://www.coachylichtarazona.com/

http://www.lulu.com/spotlight/Coach_YlichTarazona

http://www.autoreseditores.com/coach.ylich.tarazona

https://www.facebook.com/coachmaster.ylichtarazona

https://www.youtube.com/user/coachylichtarazona

https://plus.google.com/+ylichtarazona/posts

http://www.spreaker.com/user/ylich_tarazona

http://instagram.com/coach_ylich_tarazona/

https://www.pinterest.com/ylich_tarazona/

https://www.linkedin.com/in/ylichtarazona

http://es.slideshare.net/ylichtarazona

https://twitter.com/ylichtarazona

También puede contactarse directamente con el **AUTOR** vía e-mail por:
MasterCoach.YlichTarazona@gmail.com

Skype: Coaching_Empresarial

3ª Edición Especial *Revisada y Actualizada por:* **Ylich Tarazona** *octubre 2017.*
Diseño y Elaboración de Portada por: **Ylich Tarazona**
SELLO: Independently Published ©

ISBN-10: 1978280408

ISBN-13: 978-1978280403

eBook Kindle ASIN: B076G97F14

BISAC: Hipnosis / Hipnotismo / AutoHipnosis... **Publication Date:** *Octubre 13, 2017.*
El derecho de **YLICH TARAZONA** a ser identificado como el **AUTOR** de este trabajo ha sido afirmado por *SafeCreative.org, Código de Registro:* **1710184602974**, de conformidad con los **Derechos De Autor En Todo El Mundo**. *Fecha: 18 de Octubre de 2017.*

www.ingramcontent.com/pod-product-compliance
Lightning Source LLC
Chambersburg PA
CBHW050919260726
48660CB00001B/289